사랑과 운명

Bert Hellinger

사랑과 운명

부부를 위한 가족세우기 워크숍

버트 헬링거 지음 | 박이호 옮김

흐름

차례

하나
사랑은 어떻게 해야 잘되어 가는가

부부관계는 삶의 한창 때이다	9
어릴 때의 상처는 부부관계에서 다시 나타난다	10
완전히 맡길 수 있음	11
주고받음의 조절	11
상대를 재교육시키려고 하면	13
결혼하지 않고 동거를 계속해서 서로에게 상처를 준다	14
이제 나는 너를 내 아이로 받아들인다	15
남녀에게는 낙태아를 통해 뗄 수 없는 인연이 생긴다	23
내 안의 영혼에서 풀어짐	24
당신 곁에서 저도 여자입니다	27
동성의 부모와 잘 통하는 사람은 매력 있다	36
어머니, 제가 그것을 당신을 위해 합니다	36
모든 것을 부모의 잘못으로 미룬다면	38
부모를 거절하면 자신과 배우자를 거절한다	43
사위와 장모가 서로 멸시하고 증오한다면	44
둘 다 잘못이 있으면 편하게 산다	45
내가 살도록 나를 꼭 잡아 주세요	46
딸들은 어머니 곁에 서야 하는가	58
이제 당신을 저의 아버지로 받아들입니다	59

배우자보다 더 좋은 선물은 없다	69
이별	70
배우자가 아이 낳기를 거절한다면	71
말한 것은 거의 언제나 그것의 반대다	72
아버지 곁에 저는 머물 수 있습니다	73
우리는 새로운 시작을 해도 된다	86
쉬운 해결은 모욕으로 경험된다	86
많은 사람들은 상대방을 혼내기 위해 꿈을 사용한다	87

둘
사랑과 운명 – 무엇이 부부를 성장하게 하는가

서문	92
첫눈에 반한 사랑과 다시 잘 보는 사랑	94
첫 번째 부부	나는 당신을 사랑으로 떠나보냅니다	96
두 번째 부부	존경	99
부부치료에서의 주의	100
세 번째 부부	이제 나는 머문다	101
운명에의 얽힘과 개인 양심과 집단 양심	108
집단적 무의식의 양심	113
자신의 죄와 타인을 대신하는 속죄	114

개인적인 양심과 보상, 속죄의 욕구	115
네 번째 부부 | 저항과 풀림	**118**
명상 생명을 받아들임	120
저항과 풀림(연속)	**123**
하나 됨으로 돕기	124
저항과 풀림	**125**
자녀 교육과 양심	126
다섯 번째 부부 | 자녀를 잃은 슬픔	**132**
아브라함의 품	135
여섯 번째 부부 | 아버지의 딸	**137**
남자와 여자	141
이중전이	142
보는 것과 듣는 것	144
일곱 번째 부부 | 비밀	**145**
신의	146
가족세우기	151
이틀 후에(비밀-연속)	**153**
서열	154
하늘	165
여덟 번째 부부 | 부부관계에서 주고받음	**167**
맺어 주는 사랑과 헤어지게 하는 사랑	169
아홉 번째 부부 | 낙태된 쌍둥이	**172**
낙태된 쌍둥이(계속)	**180**

| 하나 |
사랑은 어떻게 해야 잘되어 가는가

이 장은 독일과 오스트리아에서 온 15쌍과 3일간의 워크숍을 기록한 것이다. 워크숍 당시 그들의 연령은 27~56세였다. 7쌍은 결혼한 상태였고 4쌍은 동거 중이었다. 1쌍은 떨어져 살았고 2쌍은 별거 중이었다. 1쌍은 결혼을 준비 중이었다. 7쌍은 공동의 자녀를 가졌고 4명의 남자는 전부인과의 사이에서 자녀가 있었는데, 이 아이들은 어머니와 살고 있다. 한 여자는 전 남자와의 사이에서 한 아이가 있었는데 그녀는 이 아이와 함께 새로운 남자와 살고 있다. 또 한 쌍은 의학적으로 남녀가 문제가 없고 아이를 원하는데도 자녀가 없는 상태였다.

부부관계는 삶의 한창 때이다

버트 헬링거(Bert Hellinger, 이하 'H')

시작하기 전에 남녀관계에 대해 말하고 싶습니다. 남녀관계는 삶의 완성입니다. 청소년기는 남녀관계를 향해 성장합니다. 남녀관계가 목적입니다. 많은 사람들은 남녀관계에 높은 기대를 가지고 성장합니다. 이 높은 기대는 당연합니다. 잘된 남녀관계는 삶의 한창 때이기 때문입니다. 그것을 향해 모든 것이 성장합니다.

그러나 남녀관계와 부모 됨으로의 이행은 청소년기를 포기함을 의미합니다. 부부관계를 시작함으로써 돌아올 수 없는 다리를 건넌 것입니다. 청소년기는 지났습니다. 부부관계를 어렵게 하는 것 중 하나는 부부관계에서 청년기를 계속 유지하려는 것입니다. 이는 결코 이룰 수 없는 것입니다. 인간의 성장은 항상 앞으로 나아갑니다. 결코 돌아올 수 없는 다리를 건넌 것입니다. 우리가 이 다리를 건너면 모든 것은 달라집니다. 출생을 보면 알 수 있습니다. 어머니의 품은 영아에게는 좋습니다. 그러나 어느 때부터 아이는 거기에만 머물 수 없습니다. 다음 단계로 성장해야 합니다. 다음 단계는 전 단계와는 전혀 다릅니다. 더 이상 돌아갈 수 없습니다. 다음 단계는 혼인과 부모 됨입니다. 청년기는 지났고 되돌아갈 수 없습니다. 이 다리를 건넌 부부는 뒤를 보는 대신에 앞을 보아야 부부생활을 잘할 수 있습니다.
자, 이제 왼쪽부터 시작합니다. 성함을 말씀해 주시고 간결하게 이 워크숍에 온 목적과 기대를 말씀해 주시면 되겠습니다.

어릴 때의 상처는 부부관계에서 다시 나타난다

홀거   제 동경은 제가 아내를 만났을 때의 분위기를 다시 평상의 삶 속에서 경험하고 싶은 것입니다. 요즘 그것이 잘되지 않습니다.

(홀거의 눈에 눈물이 고인다.)

H   당신부터 시작하겠습니다.

(홀거가 동의한다.)

H   당신의 태도는 어린아이의 태도입니다. 당신이 아주 어렸을 때 어떤 일이 있었습니까?

홀거   지금 생각났는데요. 제가 2년 6개월쯤 되었을 때 병원에서 맹장수술을 받았습니다. 어머니는 거기에 계시지 않았습니다.

H   그렇습니다. 바로 그 느낌입니다. 아주 옛날의 경험이 부부관계에서 재현됩니다. 이런 상황은 부인을 아주 힘들게 합니다. 우리는 그곳에서 이 문제를 풀어야 합니다. 나중에 합시다. 그렇게 되면 당신의 영혼은 자유로워져 당신의 부인을 종전과는 다르게 대할 수 있습니다. 그렇게 되면 그녀는 편안해집니다.

완전히 맡길 수 있음

엘케   제가 제 자신을 완전히 맡길 수 있으면 좋겠습니다. 더 이상 주저하지 않으면 좋겠습니다.

H   어떻게 자신을 완전히 맡길 수 있는지 아십니까? 배우자와 눈을 맞추십시오. 눈을 맞추면 됩니다. 자, 지금 당신의 남편과 눈을 맞추십시오.

(엘케는 홀거와 눈을 마주 본다.)

H   안 되는군요. 당신은 그를 보지 못합니다. 당신은 다른 곳을 봅니다.

(엘케가 홀거를 통해 먼 곳을 보는 것 같다.)

H   됐습니다. 간단한 테스트를 했습니다. 당신은 다른 것을 봅니다. 당신이 무엇을 보는지 모르겠습니다. 당신이 보는 곳으로 가서 풀어지게 되면, 당신은 당신의 남편을 자유롭게 대할 수 있으며 그와 눈을 맞출 수 있습니다.

(엘케는 깊은 한숨을 쉬며 웃는다.)

H   아주 좋은 한숨이었습니다. 이제 당신의 눈빛이 바뀌었군요. 그렇게 당신은 당신의 남편을 보아야 합니다.

(엘케는 홀거를 보고 웃으며 그의 손을 잡는다.)

주고받음의 조절

알렉산드라 제 소원은 단순히 놓아 버리고 더 만족하는 것입니다.

마르쿠스 제 부인과의 관계에서 균형을 찾고 싶습니다. 주고받음의 균형

	은 더 나아가 놓음과 붙잡음의 균형입니다.
H	당신들 중에 누가 더 많이 주고 누가 더 많이 받습니까?
마르쿠스	주고받음의 문제가 아니라 주고받음의 시기가 문제입니다.
H	또 한 번 묻겠습니다. 누가 더 많이 주고 누가 더 많이 받습니까?
	(알렉산드라에게) 당신은 어떻게 생각하십니까?
알렉산드라	제가 더 많이 줍니다.
H	주고받음의 조절은 부부관계의 조건입니다. 주의할 점은 누구나 모든 것을 줄 수 없고, 누구나 모든 것을 받을 수 없다는 것입니다. 모두 주고받을 때에 제한되어 있다는 것입니다. 그래서 주는 것과 받는 것에는 처음부터 한계가 그어져 있습니다. 원만한 부부관계를 위해서는 상대가 받을 수 있는 만큼 주는 것입니다. 그리고 상대가 줄 수 있는 만큼만 받는 것입니다. 이렇게 처음부터 한계가 그어져 있습니다. 그러나 놀랄 만한 것은 이렇게 시작하면 주고받음은 나중에 더 커질 수 있다는 것입니다.
	(알렉산드라에게) 남편에게 당신이 무엇을 원하는가를 살짝 이야기할 수 있습니까?
	(마르쿠스에게) 무엇을 원한다고 부인이 당신에게 가끔 말합니까?
마르쿠스	(잠시 생각한 후) 네, 그렇습니다.
H	당신이 할 수 있도록 구체적으로 말합니까?
마르쿠스	그렇습니다.

H   구체적인 것이 어떤 것인지 예를 들어 보겠습니다. 많은 사람들은 배우자에게 "나를 좀 더 많이 사랑해 주세요."라고 말합니다. 그러면 상대는 어떻게 해야 좋을지 모릅니다. 그러나 "나와 함께 30분간 산책을 해요."라고 말하면 그는 확실히 알게 됩니다. 이렇게 구체적으로 말하는 것이 중요합니다. 그렇지 아니하면 기대를 충족시킬 수가 없어서 아무것도 주지 않습니다. 구체적으로 말하는 것이 두 사람을 위해 매우 중요합니다. 나중에 더 자세히 봅시다.

상대를 재교육시키려고 하면

데드레프   실비아와 아주 깊고 내밀한 관계를 원합니다. 그녀와 결혼해서 가정을 꾸리고 싶습니다.

H   결혼하셨습니까?

데드레프   아니요.

실비아   우리가 서로를 더 존중할 수 있으면 좋겠습니다. 내가 그를 더 존중하고 나를 또한 더 존중할 수 있었으면 합니다. 이 두 가지가 아주 깊은 관련이 있는 것 같습니다.

H   존중에 관해 말씀드리고 싶습니다. 당신들이 이미 알고 계신 것과 같이 남녀는 아주 다릅니다. 육체만 아니라 모든 면에서 다릅니다. 남녀가 관계를 맺게 되면 그들은 각자에게 생소한 것과 관계를 하게 됩니다. 남자가 여자와 관계를 맺습니다. 그때 그는 여자가 그에게 수수께끼라는 것을 알게 됩니다. 많은

사람들은 그래서 자신은 옳고 상대는 완전히 옳지 않다고 생각합니다. 여자들은 대개 자신들이 남자보다 더 낫다고 생각합니다. 그러나 남자들도 똑같습니다. 남녀는 단지 다를 뿐입니다.

(실비아가 웃는다.)

상대가 나와 다르지만 나처럼 귀하다고 인정함으로써 상대를 존중하게 됩니다. 이것이 존중의 기본입니다. 상대는 다르지만 옳습니다. 상대를 바꾸려는 시도 즉, 자신과 같게 만들려는 시도는 실패할 수밖에 없으며 이러한 시도는 또한 둘의 관계에 독소로 작용합니다. 상대가 옳다고 인정함으로써 우리는 우리 안의 어떤 것을 포기합니다. 우리는 우리와 다른 것도 동시에 옳다는 것과 직면합니다. 이것이 바로 상대를 존중하는 것입니다. "당신은 나와 전혀 다르지만 당신도 옳아."라고 남녀는 서로 말하게 됩니다. 이렇게 각자는 각자의 어떤 것을 포기함으로 존중하게 되며 상대는 나를 더 풍부하게 합니다. 무엇인가 더해진 것입니다. 여성적인 것에 무엇인가 더해지고 남성적인 것에 무엇인가 더해진 것입니다. 그리하여 더 큰 하나가 되었습니다.

(실비아와 데드레프는 웃으면서 고개를 끄덕인다.)

결혼하지 않고 동거를 계속해서 서로에게 상처를 준다

마틴   이 워크숍을 통해 새로운 관계를 찾고 싶습니다. 우리는 결혼

	하지 않고 7년째 동거하고 있습니다. 우리가 처음 만났을 때의 기분을 평소에도 가지고 싶습니다.
H	결혼하지 않는 이유가 있습니까?
마틴	꼭 결혼해야만 합니까?
H	결혼은 청춘과의 이별입니다. 결혼하지 않은 동거는 청춘의 연장입니다. 남녀가 오래 동거하면서 결혼하지 않는다면 그들은 서로에게 말합니다. "나는 더 좋은 배우자를 찾고 있어." 이것은 계속해서 상처를 주고 있는 상태입니다.
마틴	우리들 사이에는 한 아이가 있습니다. 결혼보다 이것이 더 중요하다고 생각합니다. 우리는 다른 것을 말하고 있습니다. 우리는 전통적인 삶을 영위하고 있지 아니합니다. 어떤 것을 시험하고 있습니다.
H	청년 시절에는 그러합니다.
마틴	맞습니다.
H	부모가 삶을 시험한다면 아이에게는 어떠하리라고 상상해 보셨습니까?

이제 나는 너를 내 아이로 받아들인다
(옛 애인과의 사이에서 낙태된 아이와 함께한 현재 가족)

H	현재의 가족을 세웁시다.
마틴	그렇게 하시죠.
H	아이는 몇 살입니까?

마틴	일곱 살입니다.
H	남자아이입니까 혹은 여자아이입니까?
마틴	남자아이입니다.
H	전에 가족세우기를 본 적이 있습니까?
마틴	예, 비디오로 보았습니다.
H	여기 있는 분들 중에 당신과 부인, 아들을 대역할 분들을 선택하세요. 그리고 각자의 등 뒤로 가서 어깨를 잡고 각자 관계에 맞게 세우세요. 생각하지 말고 내면의 느낌에 맞게 하세요. [그림 1A]

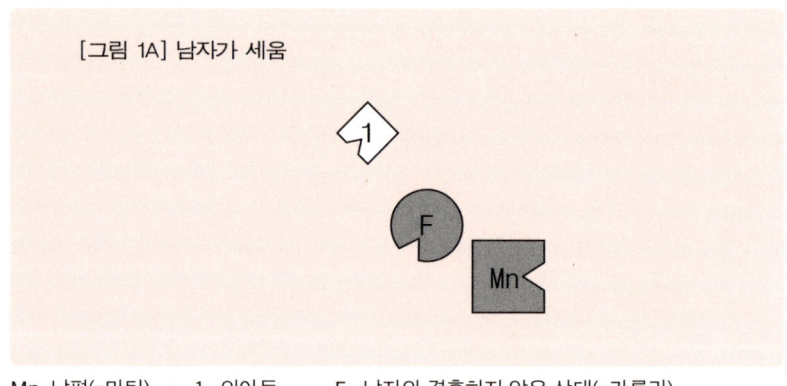

Mn 남편(=마틴)   1 외아들   F 남자와 결혼하지 않은 상대(=카롤라)

H	(가족을 세우고 나서도 계속 생각하고 있는 마틴에게) 잘 세웠습니다.

(헬링거는 대역들에게 질문한다.)

(아들에게) 어떻습니까?

| 아들 | 아주 불안정합니다. 제 앞에는 아무것도 보이지 않습니다. 옆의 부모가 거의 보이지 않습니다. 으슬으슬 추운 느낌입니다.
| H | 부인은 어떻습니까?
| 부인 | 스산합니다. 제 뒤에 있는 남편과는 아무런 관계를 맺고 있지 않은 듯합니다. 그는 보이지 않는 그림자 같습니다. 아들에게 끌립니다. 앞으로 가고 싶습니다.
| H | 남편은 어떻습니까?
| 남편(마틴) | 좋습니다만 오른쪽 어깨가 무겁습니다.
| H | (마틴의 동거인인 카롤라에게) 당신께서 세우세요. 어떻게 세우시겠습니까? [그림 1B]

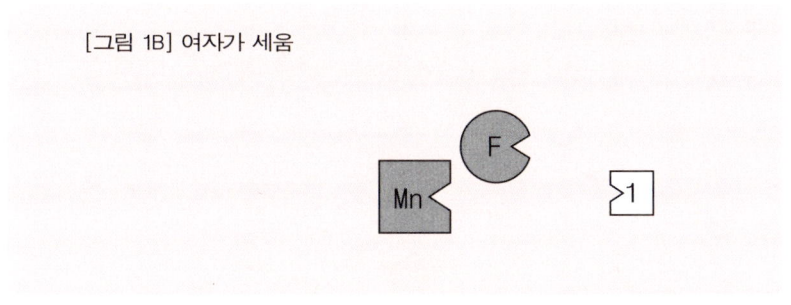

[그림 1B] 여자가 세움

| H | (마틴의 대역에게) 이제 남편은 어떠하십니까?
| 남편 | 조금 좋아졌습니다. 오른쪽으로 가고 싶습니다.
| H | (카롤라의 대역에게) 어떠하십니까?
| 부인 | 조금 좋아졌습니다. 남편 옆에 서 있고 싶습니다. 아이하고는 관계가 좋아졌습니다.

H	아들은 어떻습니까?
아들	조금 전보다 훨씬 기분이 좋고 안정이 됩니다. 땅에 서 있음을 느낍니다. 아버지보다 어머니에게 더 끌립니다.
H	그렇습니다. 아버지는 자신 없어 합니다. 그는 불확실한 이미지입니다.
	(마틴에게) 옛 가족에게 어떤 일이 있었습니까? 누가 어렸을 때 죽었습니까?
마틴	아닙니다.
H	부모님은 이혼하셨습니까?
마틴	아닙니다.
H	(마틴의 대역에게) 오른쪽으로 가 보세요.

(마틴의 대역은 부인과 같은 열에 설 수 있도록 한 걸음 앞으로 나온 다음 오른쪽으로 한 걸음 내딛어 부인과의 거리를 넓힌다.) [그림 2]

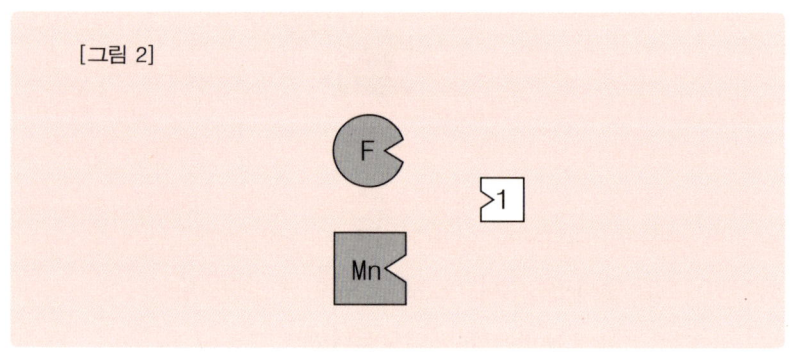

[그림 2]

H	(마틴의 대역에게) 자, 이제 어떻습니까?

마틴　좋습니다.

H　부인은요?

부인　아직 좋지 않습니다. 남편과 저 사이에 아직도 무엇이 있는 것 같습니다.

H　그렇습니다. 남편은 가려고 합니다. 그를 믿을 수 없습니다.
　　(마틴에게) 전에 다른 인연이 있었습니까?

마틴　예, 여러 번 있었습니다.

H　아이가 태어났습니까? 아니면 낙태가 있었습니까?

마틴　(조금 있다가) 한 번의 낙태가 있었습니다. 일반적인 청소년 시절의 사고였습니다. 열일곱 살 때였습니다.

H　그렇습니다. 사람들은 그렇게 말합니다.

(헬링거는 마틴의 옛 애인과 아이를 마틴의 오른쪽에 세운다.) [그림 3]

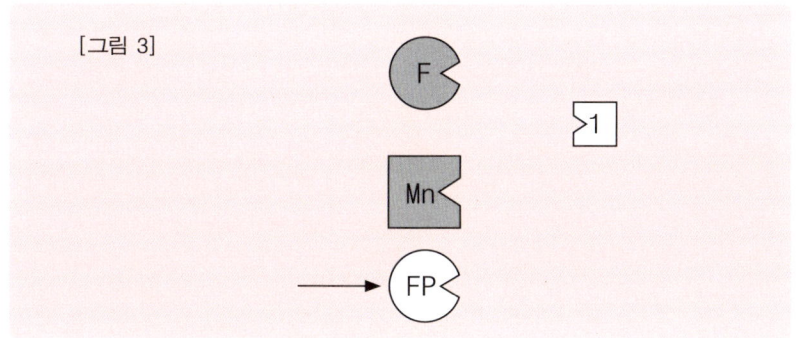

FP　남자의 옛 인연, 그들은 한 아이를 낙태시켰다.

H　(남편에게) 어떠합니까?

남편   조금 좋아졌습니다.

H   (카롤라의 대역에게) 당신은요?

부인   아들과의 관계만 느껴집니다. 남편과는 아무런 관계가 없는 것 같습니다.

H   남편은 옛 인연에 묶여 있습니다.
       (마틴에게) 낙태당한 아이는 남자아이겠습니까? 또는 여자아이겠습니까? 상상해 보십시오.

마틴   한 번도 생각해 본 적이 없습니다.

H   상상해 보십시오.

마틴   모르겠습니다. 양성兩性입니다.

H   양성은 없습니다.

마틴   여자아이입니다.

(헬링거는 낙태당한 아이의 대역을 선택한다.) [그림 4]

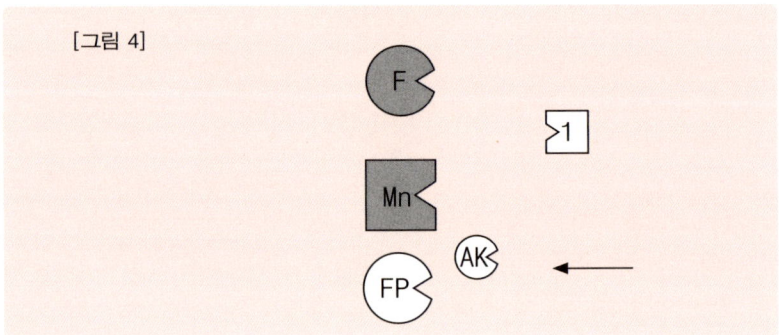

AK 낙태아

H	(낙태당한 아이에게) 부모님 앞에 앉으세요. 부모에게 기대고 느끼도록 정신 차리세요.
	(조금 있다가) 그 자리에 앉아 있으니 어떠합니까?
낙태아	부모님은 저를 받아 주지 않습니다. 뒤로 넘어지지 않도록 정신 차려야 합니다. 부모님은 안 계신 것과 마찬가지입니다.
H	(낙태한 어머니에게) 어떻습니까?
옛 애인	처음엔 남자에게로 가서 포옹하려고 했습니다. 아이가 오자 울 것 같았습니다.
	(낙태한 여자의 대역은 흐느껴 운다.)
H	한 손으로 아이의 머리를 만지세요.
옛 애인	가슴이 매우 아픕니다.
H	남편은 어떻습니까?
남편	이제 거리가 필요합니다. (조금 왼쪽으로 간다.) 낙태당한 아이와 유대가 필요합니다만 거리도 필요합니다.
H	(남편에게) 한 손으로 아이의 머리를 만지세요.
	(낙태아에게) 눈을 감으세요.
	(카롤라 대역에게) 자, 이제 어떻습니까?
부인	아주 춥습니다. 아들을 저에게 끌어당겨 꼭 껴안고 싶습니다. 그러면 따뜻해지겠지요.
H	아들은 어떻습니까?
아들	어머니에게만 관계를 느낍니다.
H	어머니 곁에 더 가까이 서서 아버지를 보도록 하세요. [그림 5]

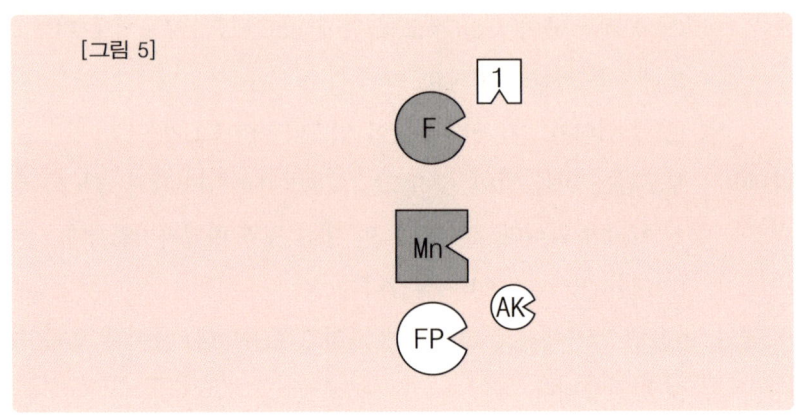

[그림 5]

H	(남편에게) 자, 이제 어떻습니까?
남편	여기가 좋습니다.
H	낙태당한 아이는 어떻습니까?
낙태아	따뜻하지 않습니다. 거절당하진 않은 것 같습니다. 어머니와의 관계에서는 제가 조금 불안정합니다.
H	아버지와의 관계에서는 어떻습니까?
낙태아	(아버지의 손을 만진 후) 괜찮습니다.

(헬링거는 마틴과 카롤라를 제자리에 세운다.)

H	(마틴에게) 한 손을 아이의 머리에 얹고 아이를 보면서 집중하세요. 마음을 조용히 하며 아이가 당신을 바로 보도록 하세요. 자, 이제 아이에게 "내 아이야."라고 말씀하세요.
마틴	내 아이야.
H	"이제 너를 내 아이로 받아들인다."
마틴	이제 너를 내 아이로 받아들인다.

H	"너는 내 가슴에 살아 있다."
마틴	너는 내 가슴에 살아 있다.
H	(낙태아에게) 어떻습니까?

(낙태아의 대역이 머리를 가로젓는다.)

H	와닿지 않습니까?
낙태아	와닿지 않습니다.
H	(마틴에게) 여기서 중단합니다. 당신과 당신 부인은 조용히 기다려야 합니다. 됐습니다. 모두 제자리로 가십시오.

남녀에게는 낙태아를 통해 뗄 수 없는 인연이 생긴다

H (그룹에게) 아이가 또는 낙태아가 생긴 관계에서 헤어지더라도 남녀에게는 뗄 수 없는 인연이 생깁니다. 그러하기에 새로운 관계를 맺기가 어려워집니다. 먼저 옛 인연이 좋게 풀려야 합니다. 이전의 상대가 존경되어야 합니다. 그리고 이별의 아픔도 허용해야 합니다. 낙태아도 기억하여서 그 아이에 대한 슬픔과 아픔도 허용해야 합니다. 그 아이가 부모의 가슴에 자리를 잡아야 합니다. 그렇게 되려면 시간이 걸릴 수도 있습니다. 그렇게 되면 그 아이와 이별이 가능합니다. 그리고 나서 남자는 새로운 여자를 만날 수 있습니다. 그러나 옛 여자나 아이는 계속 존중되어야 합니다.

(마틴과 카롤라에게) 그들은 당신들 가족에 속합니다. 제가 분명히 말씀드렸습니다.

	(마틴에게) 무슨 말을 하고 싶으십니까?
마틴	저는 그 여자를 존경합니다. 그리고 그 여자를 지금도 가끔 만납니다. (카롤라가 웃는다.) 낙태 문제가 아직도 잠재하다는 것을 알게 됐습니다. 간단히 잊은 것은 아닙니다. 그 여자는 미국에 살고 있으며, 가끔 만나고 나면 우리들의 관계는 아주 강렬해집니다.
H	그렇습니다. 당신의 첫 번째 여자입니다.

(조금 후에)

마틴	좀 전에 제가 매우 흥분했었습니다. 이제 진정됐습니다. 편안함을 느낍니다. 기분이 좋고 감동을 받았습니다.
H	당신의 얼굴이 변했습니다.

(마틴은 웃으며 고개를 끄덕인다.)

H	당신의 얼굴이 변하니 아주 좋게 보입니다.
카롤라	저도 상당히 흥분했습니다만 아주 기분이 좋습니다.

내 안의 영혼에서 풀어짐

마르기트	가족세우기 중에 가끔 복통이 생깁니다. 첫째 부인에 관한 테마가 제 문제일 수도 있다고 생각되며, 제가 남편의 첫째 부인의 자리를 인정하느냐가 문제입니다.
디터	첫째 부인에 관한 테마가 저에게도 문제가 됩니다. 저의 첫 부인이 여기에 왔으면 좋겠습니다. 적어도 그녀가 한 번이라도 가

	족세우기를 보거나 스스로 참가했으면 합니다.
H	풀림은 언제나 당신의 영혼에 있습니다. 첫째 부인이 여기에 올 필요는 없습니다. 당신에게 변화가 일어나면 당신은 다른 상(相)을 갖게 됩니다. 그리하면 당신은 그녀를 아주 다르게 보게 됩니다. 당신이 그녀에게 아무런 말을 하지 않아도 그녀는 변합니다. 아주 신비한 일이 생깁니다.
디터	전에 한 번 세웠습니다. 아주 감동적이었습니다.
H	아직 풀리지 않았군요.
디터	예, 아직 풀리지 않았습니다.
H	그녀를 아직도 원망하고 있군요.
디터	예, 맞습니다.
H	원망하고 있는 배경은 다음과 같은 한 문장으로 잘 표현됩니다. "내가 당신에게 무엇을 했기에 악의를 품는가?" 상대에게 상처를 주었다는 것을 보고 그것을 인정할 때에 변화가 시작됩니다. 그리하여 상대가 존중되어지고 화해가 이루어집니다.

(하루 후에)

실비아	제 애인과의 사이에 하나의 문제가 있습니다.
H	무엇입니까?
실비아	데드레프가 옛날에 사귄 여자들이 네 번의 낙태를 했습니다. 우리는 아이를 가지고 싶지만 그때의 제 기분은 다음과 같습니다. '나에게는 두 번 다시 임신이 없는 일인데, 그에게는 그저 평범한 일일 뿐이구나.' 그를 탓하고 싶지는 않습니다만…

H   벌써 그렇게 하였습니다. 그를 벌써 탓하였습니다.

실비아   아닙니다. 저는 다만 두 번 다시 일어나지 않는 임신이 우리 사이에 다시 있기를 원합니다.

H   제가 한 말씀 드리겠습니다. 아이들은 가장 큰 것이지만 평범한 것입니다.

실비아   받아들이기 어렵습니다.

H   아이들은 유일무이하게 평범합니다. 지나간 많은 세대의 여러 여자들을 상상해 보세요. 당신은 단지 그 많은 여자들 중 하나입니다.

(실비아가 웃으며 고개를 끄덕인다.)

데드레프   어제부터 제 몸이 아주 가벼워졌습니다. 호흡이 아주 자유로워졌습니다. 실비아가 언급한 테마가 저에게도 아주 큰 문제가 됩니다. 그녀가 저를 탓하는 것 같습니다. 저도 제 아이들과 이별을 원합니다.

H   이별은 할 수 없습니다. 당신은 그들을 받아들여야 합니다.
(실비아에게) 당신은 그 문제를 남편과 그 여자들이 풀도록 돌려주어야 합니다. 관여해서는 안 됩니다. 관여하면 당신이 그녀들을 대신하게 되며 그럼으로써 당신은 그녀들을 무시하게 됩니다. 알겠습니까?

(실비아는 고개를 끄덕인다.)

(몇 시간 후에)

데드레프   점심을 먹고 휴식 이후부터 왼쪽 가슴과 왼팔이 아픕니다.

H	그 아픔들이 무엇을 상징하는지 알겠습니까?
데드레프	모르겠습니다.
H	당신의 왼팔로 당신의 옛 여자들을 안고 그녀들과 함께 아이들을 가슴에 받아들이세요.

(데드레프는 감동하면서 고개를 끄덕인다.)

당신 곁에서 저도 여자입니다
(실비아의 부모 형제와 실비아의 남자)

H	자, 누가 가족세우기를 하시겠습니까?
실비아와 데드레프	저희들이 하겠습니다.
H	무슨 일입니까?
실비아	저희들은 결혼을 하고 싶습니다만 결혼이 두렵습니다. 제가 결혼생활을 파탄시킬 것 같은 두려움이 생기고 제가 먼저 떠날 것 같습니다. 책임을 분담하는 데 큰 문제가 있습니다. 저 혼자 일 때에는 아무 문제가 없습니다. 그러나 우리 두 사람에 관한 문제가 저와 아무런 관계가 없는 것 같습니다.
H	당신의 애인은 어떠합니까?
실비아	자기 혼자는 문제가 없습니다.
H	(웃으면서) 각각 자기의 책임을 다한다면 결혼생활이 잘못될 이유가 없는데요?
실비아	문제는 아이가 생겨서 공동으로 책임을 져야 할 경우입니다.
H	그 경우에는 여자가 본질적인 것을 홀로 하게 됩니다.

실비아	그렇습니다. 제 어머니도 그러하셨습니다.
H	아버지는 어떠하셨습니까?
실비아	제 아버지는 술고래여서 집에 거의 계시지 않았습니다. 사람들과 술 마시기를 좋아해 언제나 밖에 계셨습니다.
H	자, 이제 가족을 세웁시다. 형제는 몇 명입니까?
실비아	네 살 차이 나는 여동생이 있습니다. 아버지는 첫째 부인과의 사이에서 이복오빠를 두셨습니다. 오빠를 만난 적은 없습니다. 그에 관해서 듣기만 하고 한 살 때 찍은 사진만 보았습니다.
H	당신은 그 오빠를 당신의 결혼식에 초대해야 합니다. (실비아의 애인에게) 그렇게 하시겠습니까?
데드레프	예.
H	(실비아에게) 당신은 누구의 느낌을 가지고 있습니까?
실비아	제가 아버지의 첫째 부인이라는 느낌을 가진 것 같습니다.
H	그렇습니다. 누구의 느낌을 가져야 합니까?
실비아	딸의 느낌을 가져야 한다고 생각합니다.
H	맞습니다.
실비아	(울면서) 그런데 잘 안 됩니다.
H	당신은 벗어나려고 합니다. 제가 돕겠습니다. 자, 세우세요. [그림 6]

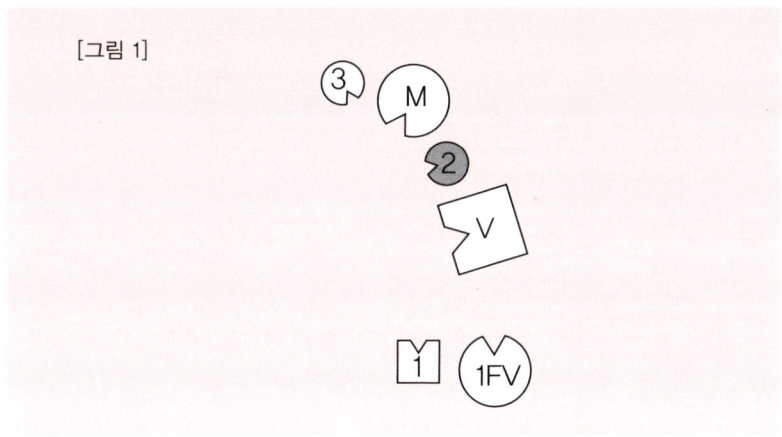

[그림 1]

V 　아버지
1FV 아버지의 첫째 부인, 1의 어머니
1 　첫째 아이, 아들
2 　둘째 아이, 딸(=실비아)
3 　셋째 아이, 딸
M 　아버지의 둘째 부인, 2와 3의 어머니

H	(실비아에게) 당신은 누구를 대신합니까?
실비아	어머니를 위해선 어머니의 남편을, 아버지를 위해선 아버지의 첫째 부인을…
H	아닙니다. 아버지의 첫째 부인입니다. 그 자리는 아버지의 첫째 부인 자리입니다. 자녀에게는 좋은 자리가 아닙니다. 어떻게 해서 그분들은 헤어지게 되었습니까?
실비아	그분은 아버지의 가장 친한 친구와 사랑을 하게 되어서 이혼했습니다.
H	아버지는 어떻습니까?
아버지	(실비아의 대역을 가리키면서) 이 딸은 제 아내입니다. 지금의 부인은 저에게 있으나 마나입니다. 첫째 부인과 아들과는 거의

관계가 없는 느낌입니다. 그들은 같이 잘 있습니다. 혼자임을 느낍니다. 여기에 가족이 서 있는가를 확인하기 위해 주위를 돌아보아야 합니다.

H 첫째 부인은 어떻습니까?

첫째 부인 떨리고 소름 끼칩니다. 첫째 남편과는 아무런 관계가 없는 것 같습니다. 아들과도 아무런 관계가 없습니다. 옆에 있어서 보일 뿐입니다. 온정이나 관계는 못 느끼겠습니다.

H 뒤로 돌아서세요.
(아들에게) 이제 어떻습니까?

첫째 아이 이제 조금 좋습니다. 어머니로부터 떨어지니 좋습니다.
(헬링거는 그를 아버지 옆에 세운다.) [그림 2]

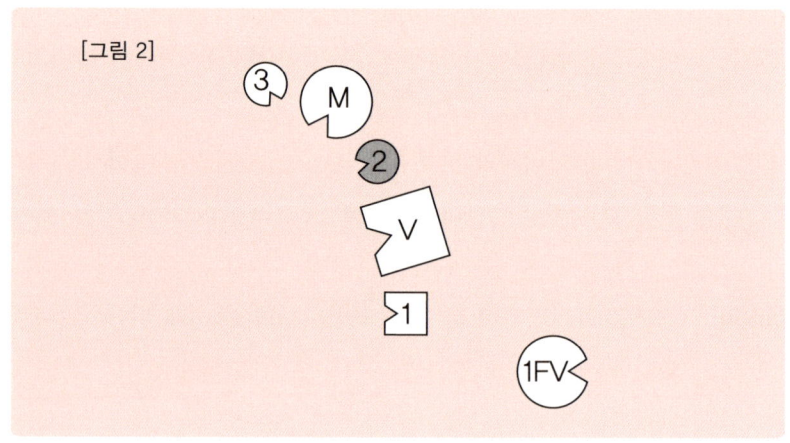

[그림 2]

H 거기가 당신의 자리입니다.

첫째 아이 더 좋아짐을 느낍니다.

실비아 오빠가 그의 어머니에게서 자라지 않고 외가에서 자랐기 때문에 어머니와 관계가 없었습니다.

H (아버지에게) 아들이 곁에 서니 어떻습니까?

아버지 더 좋습니다.

H (실비아 대역에게) 어떻습니까?

둘째 아이(실비아) 저는 허공을 봅니다. 누구와도 관계가 없습니다.

H 첫째 부인과 같습니다.
(어머니에게) 어떻습니까?

어머니 첫째 부인이 이쪽을 볼 때보다 좋습니다. 그녀가 가니 더 좋습니다. 막내딸과 좋은 관계입니다.

H (막내딸에게) 당신은 어떻습니까?

셋째 아이 여기가 답답합니다. 제 언니에게 가고 싶습니다.

H 다시 세우겠습니다. [그림 3]

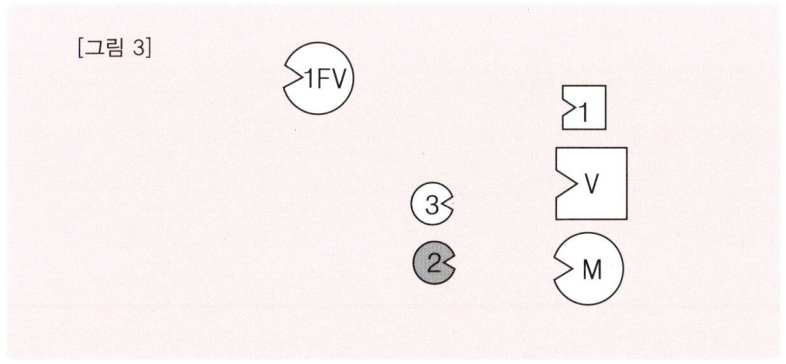

[그림 3]

H　　　(실비아 대역에게) 이제 어떻습니까?
둘째 아이 가슴이 두근거립니다. 앞에 누가 있으니 좋습니다.
H　　　어머니 곁에 가야 합니다. 막내도 같이 가십시오. [그림 4]

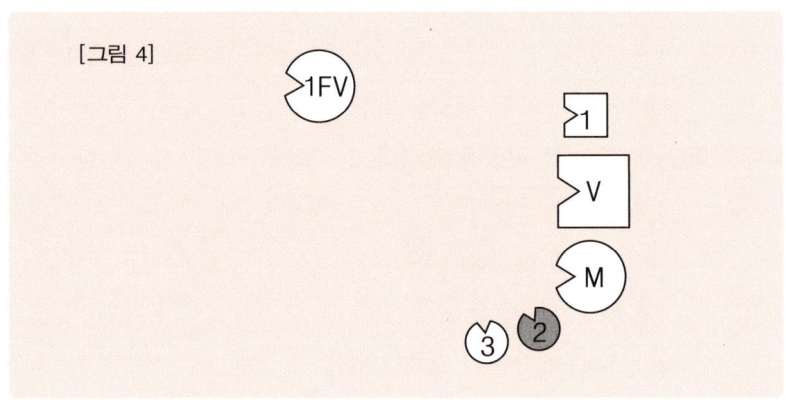

H　　　(실비아 대역에게) 이제 어떻습니까?
둘째 아이 훨씬 좋습니다.
셋째 아이 저도 좋습니다.
어머니　저도 좋습니다.
H　　　아버지는 어떻습니까?
아버지　좋습니다.
H　　　첫째 아이는 어떻습니까?
첫째 아이 좋습니다.
H　　　첫째 부인은 어떻습니까?
첫째 부인 훨씬 좋습니다. 제 뒤에 있는 사람들은 저에게 아무런 관심이 없습니다.

H	그녀는 얽혀 있습니다. 그러기에 가야만 합니다.

(실비아는 이제 제자리에 선다.)

H	(실비아에게) 아버지를 보고 말씀하세요. "어머니 곁에 있겠습니다."
실비아	어머니 곁에 있겠습니다.
H	"여기가 제 자리입니다."
실비아	(머뭇거리다가) 여기가 제 자리입니다.
H	"저는 단지 당신의 딸입니다."
실비아	저는 단지 당신의 딸입니다.
H	"당신의 첫째 부인과 저는 아무런 관계가 없습니다."

(실비아가 울기 시작한다.)

H	당신은 아버지를 보아야 합니다.
실비아	(울면서) 당신의 첫째 부인과 저는 아무런 관계가 없습니다.
H	당신께 한 말씀 드려야겠습니다. 불행과의 이별은 어렵습니다.
실비아	(웃으면서 고개를 끄덕인다.) 맞습니다.
H	이제 조금 행복하게 말씀하십시오.
실비아	(또렷하게) 당신의 첫째 부인과 저는 아무런 관계가 없습니다.
H	"저는 단지 당신의 딸입니다."
실비아	저는 단지 당신의 딸입니다.
H	"저를 당신의 딸로 보아 주세요."
실비아	(마음에 와닿게) 저를 당신의 딸로 보아 주세요.
H	"그리고 저는 이제 당신을 제 아버지로 봅니다."

실비아	그리고 저는 이제 당신을 제 아버지로 봅니다.
H	(아버지에게) 어떻습니까?
아버지	좋습니다. (실비아의 어머니를 가리키며) 그녀는 이제 제 부인입니다.
H	(실비아에게) 어머니를 보세요. 그리고 말씀하세요. "어머니."
실비아	어머니.
H	"당신만이 저의 어머니이십니다."
실비아	당신만이 저의 어머니이십니다.
H	"아버지의 첫째 부인과 저는 아무런 관계가 없습니다."
실비아	아버지의 첫째 부인과 저는 아무런 관계가 없습니다.
H	"저를 당신의 딸로 보아 주세요."
실비아	저를 당신의 딸로 보아 주세요.
H	"이제 당신께 영광을 올립니다."
실비아	(마음에 와닿게) 이제 당신께 영광을 올립니다.
H	"존경하는 어머니."
실비아	(울면서) 존경하는 어머니.
H	자, 이제 어머니에게로 가세요.
	(실비아는 어머니를 강하게 껴안고 흐느껴 운다.)
H	입을 벌리고 숨을 쉬세요. 어머니를 당신 안에 받아들이세요.
	(실비아는 어머니를 꼭 껴안고 있으며 매우 진지하게 보인다.)
H	어머니를 꼭 껴안으면서 행복해하셔도 됩니다. 당신이 행복해하여도 타인에게 아무런 해가 되지 않습니다.

(실비아는 어머니를 사랑스럽게 껴안는다.)

H	더 좋습니다.
	(실비아가 어머니를 오랫동안 껴안고 난 후) 이제 어떻습니까?
실비아	많이 좋습니다.
	(헬링거는 실비아의 애인을 그녀 앞에 세운다.)
H	그의 이름을 부르세요.
실비아	데드레프!!
H	"나의 어머니 곁에서 저는 아이입니다."
실비아	나의 어머니 곁에서 저는 아이입니다.
H	"당신 곁에서 저는 여자입니다."
실비아	당신 곁에서 저는 여자입니다.
H	아주 힘이 있습니다.
	(데드레프에게) 어떻습니까?
데드레프	아주 좋습니다.
H	(실비아에게) 그의 곁으로 가시겠습니까?
	(실비아는 고개를 끄덕인다.)
H	곁에 서서 쳐다보세요. 좋습니까?
	(실비아와 데드레프는 서로 눈을 쳐다본다.)
H	결혼을 축하드립니다.
	(실비아와 데드레프는 웃으면서 서로 껴안는다.)

(다음 날에)

동성의 부모와 잘 통하는 사람은 매력 있다

데드레프   어제 가족세우기에서 실비아가 그녀의 어머니와 화해하는 것을 본 후에 실비아에게 저절로 "예, 결혼하겠습니다."라고 하게 되었습니다. 오늘 아침 또다시 떠올랐습니다.

H   제가 남녀에 대해 아주 중요한 점을 알아냈습니다. 어머니를 존경하고 어머니와 잘 통하는 여자는, 아버지와 잘 통하고 어머니를 거절하는 여자보다 남자에게 매력적입니다. 반대로 아버지와 잘 통하여 아버지를 영혼으로 가슴에 받아들인 남자는, 어머니를 영혼으로 가슴에 받아들여 아버지를 거절하는 남자보다 여자에게 매력적입니다.
(데드레프에게) 당신은 어제 그것을 느꼈습니다.
(데드레프와 실비아는 고개를 끄덕인다.)

어머니, 제가 그것을 당신을 위해 합니다

사비네   점심 식사 후 휴식시간 내내 싸웠습니다. 기분이 좋지 않습니다. 그럴 때의 나를 보면 나는 내가 아니고 남을 경멸하는 어머니라는 생각이 듭니다.

H   그럴 수도 있겠지요.

사비네   그걸 알면서도 그렇게 합니다.

H   그럼 다음과 같이 해 보세요. 좀 전과 같이 싸운다고 상상해 보세요. 그리고 당신 속의 어머니가 당신 앞으로 가신다고 상상하세요. 이제 어머니는 당신 앞을 보고 서 계십니다. 당신은

	어머니의 뒤를 봅니다. 어머니께 마음을 들려주세요.
사비네	저는 어머니를 도와야 한다고 생각합니다.
H	자, 어머니가 앞에 서 계십니다. 어머니를 어떻게 부르세요?
사비네	엄마.
H	"엄마."라고 따라 하세요.
사비네	엄마.
H	"당신은 작습니다."
사비네	당신은 작습니다.
H	"제가 그것을 당신을 위해 합니다."
사비네	제가 그것을 당신을 위해 합니다.
H	이제 어떻습니까?
사비네	(잠시 침묵 후) 현실 같지 않습니다.
H	저도 그렇게 생각합니다.

(사비네가 웃는다.)

한스	사비네가 언급한 싸움은 제게는 단지 작은 의견 차이였습니다. 저는 그렇게 심각하게 생각하지 않습니다.
H	(사비네에게) 그는 당신께 친절하군요.
사비네	그는 싸움에 익숙합니다.
H	그에게 "당신이 제게 친절하니 기쁘군요."라고 말씀하세요.
사비네	당신이 제게 친절하니 기쁘군요.

(사비네와 한스는 서로 눈을 마주 보며 웃는다.)

모든 것을 부모의 잘못으로 미룬다면

H   안녕하세요.

엘리아스 안녕하세요.

H   무슨 일이죠?

엘리아스 해탈하고 싶습니다.

H   해탈이란 말은 심리적으로 알아듣지 못할 말입니다. 저는 그러한 말은 듣지 않습니다. 부모 형제분들께 무슨 일이 있었습니까?

엘리아스 저 혼자 살아남았습니다. 어머니는 두 번의 조산을 했는데, 한 번은 제 위, 한 번은 제 뒤의 쌍둥이였습니다.

H   조산이요?

엘리아스 그렇습니다.

H   살아남았습니까?

엘리아스 아닙니다. 모두 죽었습니다. 저만 살아남았습니다.

H   네 명 중 당신만이 살아남았군요.

엘리아스 탁아소에서 자랐습니다.

H   왜 그러했습니까? 아버님은 무엇을 하셨습니까?

엘리아스 (울면서 알아듣지 못하게) 시간이 없었습니다.

(엘리아스는 두 손으로 얼굴을 가리고 운다.)

H   (엘리아스의 부인에게) 당신이 말씀하시겠습니까? 그의 아버지는?

일제   그의 아버지는 전혀 시간이 없었습니다. 그는 일만 했습니다. 그래서 엘리아스는 아주 어릴 때부터 탁아소에서 컸습니다. 어

	머니도 시간이 없었습니다.
H	그분들은 무엇을 하셨습니까?
일제	일했습니다.
H	무슨 일을?
일제	엘리아스의 아버님은…
엘리아스	목수였습니다. 그리고 어머니는 공장에서 일하셨습니다.
일제	그의 부모님은 집을 지으려고 했습니다. 두 분께서 일하면 돈을 많이 벌 수 있었습니다. 그래서 그는 탁아소에서 자라게 되었습니다. 그가 집에서 말을 듣지 않을 때는 많이 맞았습니다.
H	아하!
일제	그는 어머니와 사이가 나쁩니다. 서로 이해를 못합니다. 그 둘은 만나기만 하면 다툽니다.
H	어머니의 출산은 어떠했습니까?
일제	난산이었다고 합니다.
H	어머니의 생명이 위험했습니까?
일제	아닙니다.
H	(고개를 숙여 아래를 보고 있는 엘리아스에게) 당신은 저에게 어리광을 부리는데 아십니까?
엘리아스	예.
H	무언가 잘못되었습니다.
엘리아스	가끔 부모님을 찾아갑니다. 그러나…
H	(말을 중단시키며) 더 이상 듣지 않겠습니다. 무언가 잘못되었습니다. 그러나 무엇인지 모르겠습니다.

엘리아스 일제를 만나기 전에 여자 친구가 있었습니다. 그녀가 임신했을 때 나는 즉시 결혼했어야 했습니다. 부모님께서 결혼해야 한다고 말씀하셨어요. 천주교 신자는 그렇게 해야 한다고. 그러나 그 결혼은 실패로 끝났습니다.

H 맞습니다. 결혼해야 합니다. 결혼하는 것은 자연스러운 것입니다.

엘리아스 서로 사랑해야 결혼을 할 수 있습니다.

H 남자가 아직도 어린아이라면 결혼할 수 없습니다.

엘리아스 저희 부모가 강요하셨습니다.

H 그것은 당신 말입니다.

엘리아스 제 말은 그것은 치욕이라는…

H 아닙니다.

엘리아스 사람들은 저에게 그렇게 말했습니다. 진실한 신자에게 그것은 치욕이라고…

H 아닙니다.

엘리아스 그래서 더 이상 부모님을 찾아뵙지 않았습니다.

H 모든 것을 부모님의 잘못으로 미루려고 하는군요. 자녀를 가진 아버지가 할 일이 아닙니다. 자녀를 위해서 무엇을 했습니까? 당신도 똑같습니다. 부모님을 비난함으로써 자녀를 갖지 않으려고 합니다.

엘리아스 아닙니다. 가지려고 했습니다.

H 아이 엄마와 사랑으로 결혼할 수 있었습니다.

엘리아스 아이는 낳아도 결혼은 좀 기다리고 싶었습니다.

H   전에 기다리지 않았으면 앞으로도 기다릴 필요가 없습니다.
(엘리아스의 부인이 웃는다.)
H   무언가 잘못되었습니다. 더 이상 할 수 없습니다. 이런 일은 제가 더 이상 할 수 없습니다.

엘리아스   할 수 없다구요?

H   할 수 없습니다. 하게 되면 책임을 저에게 미룹니다. 제가 누구에게 동정을 갖겠습니까?

엘리아스   아이들에게…

H   당신은 생각해 보지 않고 즉시 말하는군요.
(그룹에게) 제가 누구에게 동정을 갖습니까?

많은 사람들   부모님입니다.

H   네, 부모님입니다. 경멸되어진 사람들에게 저는 동정을 갖습니다.
(엘리아스에게) 당신이 이미 아신 바와 같이 저는 언제나 부모님을 존경합니다.

엘리아스   예, 사람은 그래야만 합니다.

H   당신의 부모님도 마찬가지입니다.

(엘리아스는 고개를 끄덕인다.)

H   당신이 당신의 부모님을 비난함으로써 생긴 결과를 생각해 보십시오.

엘리아스   저는 저의…

H   (말문을 막으면서) 당신은 전혀 제 말을 못 듣는군요.

엘리아스   저는 부모님을 비난하지 않을 수 없습니다.

| H | 좋습니다. 저는 더 이상 아무것도 할 수 없습니다.
| 엘리아스 | 제가 저의 부모님을 필요로 할 때…
| H | (말문을 막으면서) 아닙니다. 더 이상 듣지 않겠습니다. (잠시 동안의 고요가 흐른 후 그룹에게) 얼마 전에 런던에서 워크숍이 있었습니다. 거기에서 한 부인이 저에게 와서 말했습니다. "오늘이 어머니의 기일입니다. 1년 전 어머니는 돌아가셨습니다. 어머니와 화해하고 싶습니다." 그래서 저는 어머니의 대역을 그 여자 곁에 앉게 했습니다. 그리고 어머니에게 말하도록 했습니다. 그때 그녀는 팔짱을 끼고 어머니에게 등을 대고 앉았습니다. 이러한 자세로 그녀는 화해하려고 했습니다. 그래서 제가 말했습니다. "그러한 자세로 사람들은 어머니와 대화하지 않습니다." 그리고 조금 전 엘리아스에게 한 말을 그분에게 했습니다. "저는 당신 어머니에게 동정이 갑니다." 그러자 그녀는 화를 내면서 말했습니다. "당신은 어머니의 대역을 잘못 선택하였습니다." 그래서 저는 중단했습니다. 쉬는 시간에 많은 참가자들이 그녀에게 가서 위로했습니다. 그 사람들 중의 한 심리치료사는 저를 비난했습니다. "당신은 어떻게 저 불쌍한 여자를 그렇게 대할 수 있습니까?" 저는 "어머니를 동정할 수밖에 없습니다."라고 응수했습니다. 독일에 돌아온 후 며칠이 지나서 저는 그 심리치료사로부터 편지를 받았습니다. 저의 태도가 그녀에게 너무나 나빴기에 제가 그녀에게 사과해야 한다고 쓰여 있었습니다. 같은 날 그 심리치료사가 이틀 후에 보낸 편지를 받았습니다. 그 편지에는 다음과 같이

쓰여 있었습니다. "그녀는 좋아지고 있습니다." 가끔 그럴 때도 있습니다.

부모를 거절하면 자신과 배우자를 거절한다

비어기트   남편과 저는 보통 때와 마찬가지로 자정까지 이야기하였습니다. 많은 문제들을 다루었습니다. 그중에는 오랜 오해도 있습니다. 무엇보다 기억에 남는 것은 제 남편이 자주 한 말입니다. 제가 저의 어머니 같다는 것입니다. "너는 너여야 한다."고 그는 말합니다. 그래서 저는 그에게 "당신이 나에게 매우 상처를 주고 있다."고 말하며, "나는 나."라고 또 강조합니다. 그리고 그에게 질문했습니다. "내가 나인 것의 어떤 점이 당신 마음에 안 듭니까?"

H   얼마 전에 통찰을 얻었습니다. 아주 깊은 통찰입니다. 자녀는 부모라는 것입니다.

비어기트   맞습니다. 그리고 틀립니다. 자녀는 자신만의 어떤 것도 가지고 태어납니다. 자녀가 오직 부모인 것만은 아닙니다.

H   우선 "자녀는 부모이다."라고 시작합시다.

비어기트   흠…

H   자녀가 부모를 부모로서 받아들이고 "내가 바로 부모이다."라고 인정하게 되면 자녀는 자신에게 평온함을 찾습니다. 이 순간 부모의 자녀가 바로 내가 됩니다. 부모 중의 한 분을 거부하면 나는 내가 아닙니다.

(비어기트는 동의하면서 고개를 끄덕인다.)

H　　만약에 나의 배우자가 내 부모 중의 한 분을 거부하면 그는 나를 거부하는 것입니다. 그가 나의 부모를 존경하지 않거나 멸시하면 그는 나를 거부하는 것입니다. 그리고 당신이 좀 전에 하신 말은 옳습니다. 자녀는 자신만의 어떤 것도 가지고 태어납니다. 그렇습니다. 모두 특별한 것 즉, 추가적인 것을 가지고 태어납니다.

비어기트　(고개를 끄덕이며) 그렇습니다.

사위와 장모가 서로 멸시하고 증오한다면

시빌레　배우자가 상대의 부모를 멸시하는 문제가 제 머릿속에서 떠나지 않습니다. 제 어머니와 남편은 서로 증오하고 멸시합니다. 그 중간에서 저는 어찌할 줄 모르다가 너무나 화가 나면 저는 말합니다. "당신들끼리 싸우세요. 저는 모릅니다."

H　　이 상황을 세웁시다. 당신 남편과 같이 나란히 서 보세요. 제가 당신의 어머니를 앞에 세웁니다.
　　　(시빌레에게) 어머니께 말씀하세요. "라틴은 제 남편입니다."

시빌레　라틴은 제 남편입니다.

H　　"저는 부모님을 떠났습니다."

시빌레　저는 부모님을 떠났습니다.

H　　"저희들은 한 몸입니다."

시빌레　저희들은 한 몸입니다.

H	"사랑으로."
시빌레	(잠시 침묵 후에) 사랑으로.
H	(라틴에게) 이제 장모님께 말씀하세요. "당신 따님은 제 아내입니다."
라틴	당신 따님은 제 아내입니다.
H	"그녀 안에 있는 당신을 존경합니다."
라틴	그녀 안에 있는 당신을 존경합니다.
H	어머니는 어떠하십니까?
어머니	아주 좋습니다. 사위에게 호감이 갑니다. 정말 좋습니다.
H	됐습니다. 어떠한가를 우리는 보았습니다.

(셋이 모두 앉자 라틴은 무슨 말을 하려고 한다.)

H	아닙니다. 아무 말도 해서는 안 됩니다. 마음의 변화가 일어나도록 가만히 두세요. (생각하다가) 당신들을 위해서라기보다 여기 있는 다른 분들을 위해 보여 드렸습니다. 됐습니까?
라틴	예.
H	(시빌레에게) 당신도 괜찮습니까?
시빌레	예.

둘 다 잘못이 있으면 편하게 산다

다니엘라 왜 또 눈물이 나오는지 모르겠습니다. 마티아스에게 어울리는 여자가 될 수 없다는 생각이 듭니다. 마티아스의 여자가 되기보다는 다른 의무를 이행해야 한다는 느낌이 듭니다. 또한 어머니도 되지 못하게 합니다. 이제까지는 그것을 마티아스의 탓으로 돌렸습니다. 그러나 이젠 내가 마티아스에게 여자로 다가선다면 누구를 배반하는 것이 될 거라는 것을 알아차리게 됐습니다. 과거에도 그러했습니다. 인연은 맺지 말라, 아이도 낳지 말라. 인연을 맺거나 아이를 낳게 되면 제 의무에 충실하는 것이 아니라고 생각했습니다. 이제야 이 느낌들을 언어로 표현할 수 있습니다.

H   아주 중요한 발전을 하셨습니다. 당신들의 관계에 좋게 작용할 것입니다. 두 분 다 흠이 있으면 한 분만 흠이 있고, 다른 한 분은 없는 것보다 편합니다. 흠은 잘못이 아니고 각자는 각자 운명에 얽혀 있습니다.

다니엘라   예, 그렇습니다.

마티아스   여기 있는 다른 분들과 함께 있는 것이 아주 편합니다. 아주 드문 경우입니다. 마음을 열어서 아주 많이 느낄 수 있습니다.

H   좋습니다. 아주 활기가 있습니다.

마티아스   그렇습니다.

H   두 분의 가족세우기를 합시다.

내가 살도록 나를 꼭 잡아 주세요

(다니엘라의 부모 형제와 마티아스를 함께)

H   (다니엘라에게) 자, 하실 수 있습니까?

다니엘라   예.

H   부모 형제에게 무슨 일이 있었습니까?

다니엘라   (울기 시작하면서 우는 것에 짜증낸다.) 왜 울어야 하는지 모르겠습니다. 울고 싶지 않습니다.

H   허락하세요. 즐거움을 허락하는 것과 같이 울어도 됩니다. 우는 것은 치욕이 아닙니다. (다니엘라가 웃는다.) 어떻게 하면 계속 울 수 있는가, 방법을 가르쳐 줄까요?

다니엘라   (웃으면서) 예.

H   보지 않으면 즉, 눈을 감으면 다시 울게 됩니다.

         (다니엘라는 웃는다.)

H   눈을 제대로 뜨시면 당신은 저와 같이 평소처럼 이야기할 수 있습니다. 자, 무슨 일이 있었습니까?

다니엘라   제 어머니는 18세 때 미국으로 가서 결혼하셨습니다. 나중에 어머니는 이혼하셨죠. 어머니는 미국에 살고 있던 제 아버지와 만나셨습니다. 이혼할 때 아버지는 어머니를 도우셨고 이혼 후 두 분은 바로 결혼했습니다.

H   두 분의 결혼생활은 어떠십니까?

다니엘라   행복합니다.

H   이상하군요. 그럴 수도 있겠죠.

다니엘라   부모님의 최고 목적은 조화와 행복해지는 것입니다.

H   미국의 헌법에도 행복해하는 것을 권리로 규정하고 있습니다.

다니엘라   두 분은 독일인입니다.

H   전염되었겠지요.

다니엘라   그럴 수도 있겠습니다.

H   형제분은 몇 분입니까?

다니엘라   두 살 위인 오빠가 있습니다.

H   다섯 분의 대역을 선택하세요. 아버지, 어머니, 어머니의 첫 남편, 오빠 그리고 당신.

(다니엘라는 아버지를 가운데 세운다. 그러고는 세울 줄 모르고 서 있다.)

H   그러면 앉으셔도 됩니다. (다니엘라의 남편 마티아스에게) 당신이 세우세요. 당신의 느낌대로 세우세요. [그림 1]

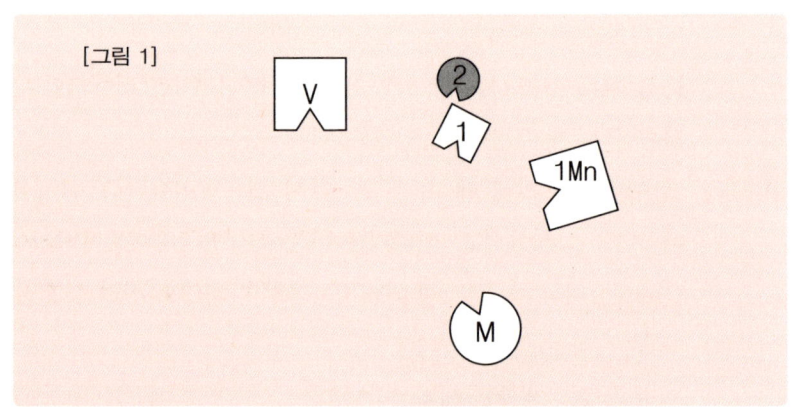

M   어머니
1Mn   어머니와 이혼한 첫 남편
V   아버지, 어머니의 둘째 남편
1   첫째 아이, 아들
2   둘째 아이, 딸(=다니엘라)

H   (마티아스가 세운 후 다니엘라에게) 바꾸시겠습니까?

다니엘라   아니요, 맞습니다.

(그리고 나서 일어난 다니엘라는 자신의 대역을 오빠 곁으로 한 발자국 가까이 세운다.)

H　　　됐습니다. 첫 번째 남편은 어떻습니까?

첫째 남편 매우 불안정합니다. 가슴이 아니, 더 정확히 말하면 심장 부분이 눌리는 듯한 느낌입니다. (다니엘라의 오빠를 가리키면서) 저 아이는 제게 위협적입니다. 딸이 한 발자국 앞으로 나오자 압박이 적어졌습니다. 제 느낌에 따르면 부인에게 "우리 같이 도망가자."라고 말하고 싶습니다. 저 앞은 비어 있습니다. 여긴 아주 복잡합니다.

(말이 거의 끝나 가자 다니엘라의 대역이 울기 시작한다.)

H　　　(다니엘라에게) 그녀는 그의 슬픔을 표현하고 있습니다. 당신의 대역은 당신의 울음을 나타냅니다. (다니엘라의 대역에게) 어떻습니까?

둘째 아이 (울면서) 오빠에게 화가 납니다. 여긴 아주 좋습니다. 오빠가 길을 막고 있습니다. 저는 아주 슬픕니다.

(헬링거는 다니엘라의 대역을 첫째 남편 오른쪽에 세운다.) [그림 2]

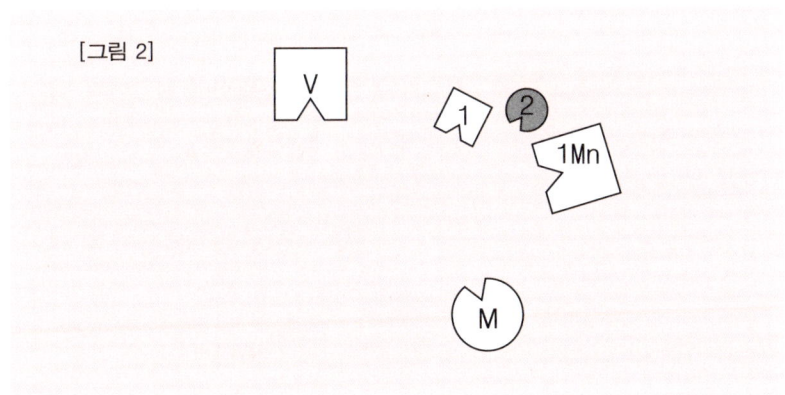

[그림 2]

H	(다니엘라의 대역에게) 어떻습니까?
둘째 아이	좋아졌습니다. 즐겁습니다. (웃는다.)
H	이상하군요. (다니엘라에게) 아시겠습니까? 당신은 누구의 느낌을 가지는지…
다니엘라	어머니의 첫째 남편의 느낌입니다.
H	그렇습니다. 맞습니다. 이상하죠? 당신이 어머니의 첫째 남편과 동일시되어 있으면 여자이기가 어렵죠.
다니엘라	그렇습니다. 저는 여자이지 못합니다.
H	아직까지는 그렇습니다. 자, 계속할까요?

(다니엘라는 고개를 끄덕인다.)

H	아버지는 어떻습니까?
아버지	저는 완전히 혼자입니다. 제 오른쪽은 차갑습니다. 얼 것같이 춥습니다. 왼쪽은 불안감을 느낍니다.
H	(다니엘라에게) 조금 전에 말씀하신 조화는 여기서 찾아볼 수가 없군요. 그것은 아름다운 환상입니다. 더 극적으로 보여 드릴까요?

(다니엘라는 고개를 끄덕인다.) 그러자 헬링거는 다니엘라의 아버지를 다섯 발자국 앞으로 가게 하여 문을 보고 서게 한다. [그림 3]

[그림 3]

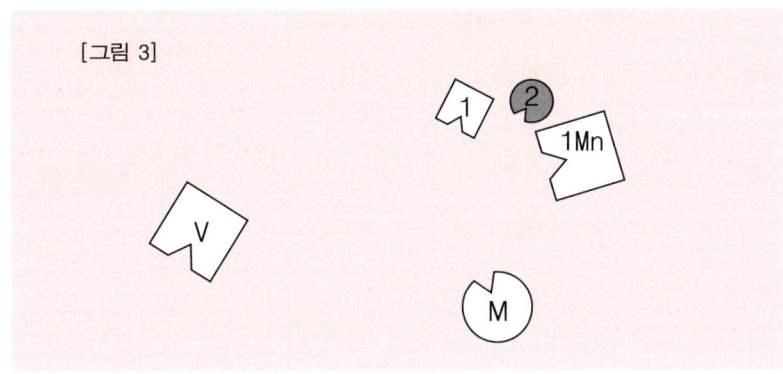

H	(아버지에게) 어떻습니까?
아버지	불안합니다.
H	조금 전보다 더 좋습니까? 더 나쁩니까?
아버지	좋습니다.

(헬링거는 다니엘라의 어머니를 첫째 남편 왼쪽에 세우고 다니엘라의 대역과 오빠를 어머니 왼쪽에 세운다.) [그림 4]

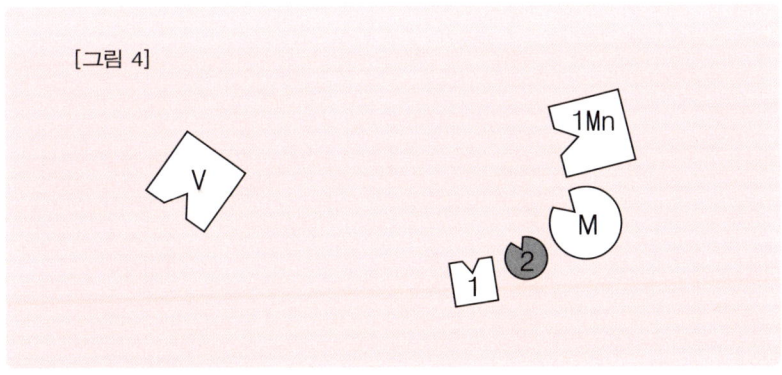

H   (다니엘라의 대역에게) 어떻습니까?

둘째 아이 좋습니다.

H   (어머니에게) 당신은?

어머니 아들이 저에게 더 가까이 와야 합니다. 그 애는 너무 멀리 있습니다.

H   (첫째 남편에게) 어떻습니까?

첫째 남편 이상하군요. 조금 전에 다니엘라의 대역이 옆에 서 있을 때 아주 좋았습니다. 저는 그녀에게만 아주 좋은 감정을 가집니다. 둘째 남편에게는 동정이 갑니다.

H   (설명하듯이) 너무나 이상합니다. 우습기도 하구요. 계속할까요?

마티아스 자녀들은 둘째 남편의 아이입니다.

H   알고 있습니다.

(여러 사람들이 웃는다.)

H   그것이 이상하다는 말입니다. 이것이 터무니없는 내면의 상(相)입니다.

(헬링거는 다시 세운다.) [그림 5]

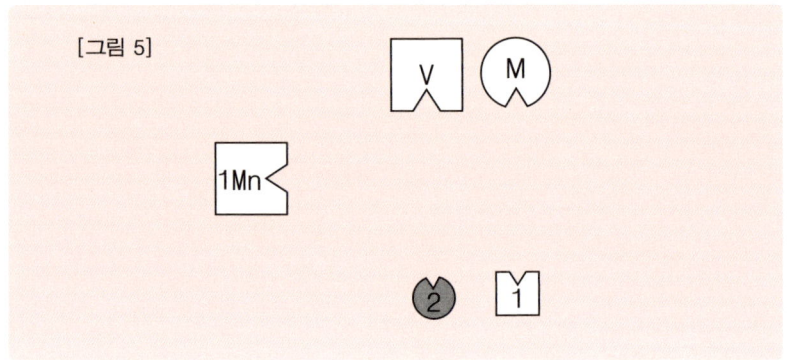

H	아버지는 어떠하십니까?
아버지	여자 곁이 아주 좋습니다.
H	부인은 어떠하십니까?
어머니	첫째 남편 곁이 더 좋았습니다. 편하고 따뜻했습니다. 여기도 괜찮습니다만 그저 그렇습니다.
H	(아들에게) 어떠하십니까?
첫째 아이	처음부터 어머니와 저 사이는 아주 강렬했습니다.
H	(다니엘라의 대역에게) 어떠하십니까?
둘째 아이	여기가 안온합니다. 아버지에게 끌립니다. 다른 남자는 아버지가 아닙니다. 그럼에도 그에게 끌립니다.

(헬링거는 어머니의 첫 번째 남편을 돌려서 몇 발자국 앞으로 가게 하고 어머니를 그 옆에 세운다. 그리고 딸과 아들을 아버지 앞에 세운다.) [그림 6]

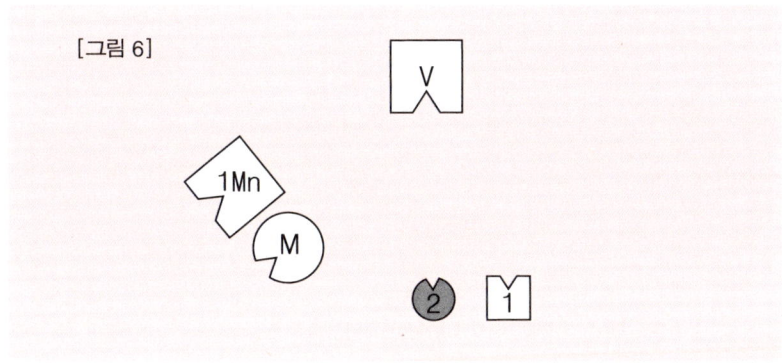

[그림 6]

H	(아버지에게) 이제 어떻습니까?

아버지　받아들일 수 있습니다만, 부인이 곁에 있을 때가 더 좋았습니다.

H　그렇지만 부인을 그렇게 얻은 사람은 부인을 또 그렇게 잃습니다.

H　(오빠에게) 어떻습니까?

첫째 아이　괜찮습니다.

H　(다니엘라 대역에게) 어떠하십니까?

둘째 아이　흥미 있습니다.

H　(다니엘라에게) 이제 당신의 자리에 서세요.

(헬링거는 어머니와 어머니의 첫째 남편을 돌려 세워 다니엘라가 볼 수 있게 한다.) [그림 7]

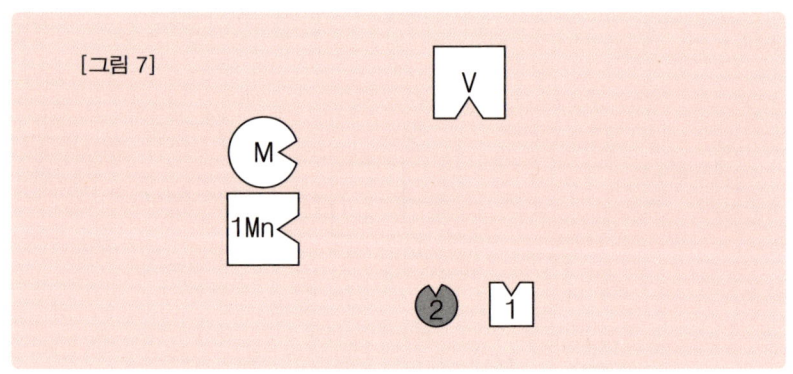

H　(다니엘라에게) 어머니를 바라보십시오. 그녀를 어떻게 부르셨습니까?

다니엘라　엄마.

H	"엄마."라고 말씀하세요.
다니엘라	엄마!
H	"당신을 보내드립니다."

(다니엘라는 눈물을 참으면서 고개를 숙인다.)

H	(다니엘라에게) 어머니를 바라보세요.
다니엘라	(조금 저항하면서) 당신을 보내드립니다.
H	보통 목소리로 하세요. "엄마! 당신을 보내드립니다."
다니엘라	엄마! 당신을 보내드립니다.
H	"저는 아버지 곁에 있습니다."
다니엘라	저는 아버지 곁에 있습니다.
H	"아버지 곁에 있도록 허락해 주시고 축복해 주세요."
다니엘라	아버지 곁에 있도록 허락해 주시고 축복해 주세요.
H	어머니는 어떠하십니까?
어머니	좋습니다.
H	그 이혼은 정당한 것이 아니었습니다. 그래서 두 번째 결혼은 아무런 미래가 없습니다. (다니엘라에게) 아버지께 말씀하세요. "아버지, 저는 당신 곁에 머뭅니다."
다니엘라	아버지, 저는 당신 곁에 머뭅니다.
H	어떻습니까?
다니엘라	맞습니다. 좋습니다. 그러나 저에게는 어머니가 없습니다. (그녀는 아버지 곁의 빈자리를 가리킨다.) 그러나 옳습니다. 맞습니다. (얼굴의 눈물을 닦는다.)

| H | (다니엘라의 남편에게) 다니엘라 앞을 바로 보고 몇 발자국 떨어져 서세요. (다니엘라에게) 말씀하세요. "저는 어머니와 같이합니다."

(다니엘라는 머뭇거리더니 고개를 흔든다.)

| H | 한번 해 보세요. "저는 어머니와 같이합니다."
| 다니엘라 | 저는 어머니와 같이합니다.
| H | "저는 당신을 떠납니다."
　　　(잠시 침묵 후에) 맞습니까?
| 다니엘라 | 제가 항상 떠나야 한다고 느낍니다.
| H | 그래요. 남편에게 말씀하세요. "저는 어머니와 같이합니다. 당신을 떠납니다."
| 다니엘라 | 저는 어머니와 같이합니다. 당신을 떠납니다.
| H | 그렇게 말하니 어떻습니까?
| 다니엘라 | 어찌해야 할 줄 모르겠습니다. 머물 수도 없고 갈 수도 없습니다.
| H | 남편에게 말씀하세요. "저를 잡아 주세요."
| 다니엘라 | (우는 목소리로) 저를 잡아 주세요.
| H | "제가 당신 곁에 있도록."
| 다니엘라 | 제가 당신 곁에 있도록.
| H | 남편 앞으로 가서 또 한 번 말씀하세요.
| 다니엘라 | (남편 앞으로 간다.) 저를 잡아 주세요. 제가 당신 곁에 있도록.

(둘은 진심으로 껴안는다. 다니엘라는 흐느껴 울기 시작한다.)

H   숨을 깊이 쉬세요.

(다니엘라는 여러 번 큰 소리로 깊이 흐느껴 운다.)

H   소리 내지 말고 숨을 깊이 쉬세요.

(그러는 사이에 다니엘라의 호흡은 율동적이고 깊어지고 조용해진다.)

H   (다니엘라에게) 이제 당신 남편의 눈을 바라보고 말씀하세요. "당신 곁에 저는 기꺼이 머뭅니다."

다니엘라 당신 곁에 저는 기꺼이 머뭅니다.

H   됐습니까?

다니엘라 예.

H   이제 들어가세요.

(마티아스는 다니엘라를 강하게 껴안는다.)

H   (다른 사람들에게) 가끔 이렇게 잘 풀어집니다. 보기에 아주 좋습니다.

(첫째 남편 대역에게) 하실 말씀이 있습니까?

첫째 남편 혼자 서 있을 때 가장 좋았습니다. 제가 저와 이혼한 여자 대역과 몇 발자국 앞으로 갔을 때 그녀가 무책임하다 또는 가볍게 행동했다는 느낌을 받았습니다.

H   첫째 남편은 좋은 사람이었습니다. 그렇게 취급해서는 안 될 사람이었습니다. 현실에서는 홀로 가고 속죄하는 것이 그녀에게 맞습니다. 그 남자와 다니엘라의 아버지는 자유롭습니다.

(다니엘라에게) 그러나 당신이 어머니를 정말로 따라 하고 싶다면 할 수 없죠.

다니엘라 아니오, 그러고 싶지 않습니다.

H   저도 동의합니다.

(휴식 후에)

다니엘라   몸이 가볍습니다. 가족세우기 이후에야 위를 처음으로 보았으며 천장을 보게 되었습니다. 등의 무거운 것이 가벼워졌습니다.

H   좋습니다.

다니엘라   새롭습니다. 처음 느낍니다. 저의 가족세우기 이후에 저는 남편에게 양심의 거리낌을 가졌습니다. 남편도 자기 가족세우기를 원했는데, 제가 그에게서 어떤 것을 빼앗은 것 같습니다.

H   남편을 보고 말씀하세요. "당신께 해가 되지 않을 것입니다."

다니엘라   당신께 해가 되지 않을 것입니다.

마티아스   (웃으며) 좋습니다.

H   (다니엘라에게) 당신은 균형을 찾는군요. 그것은 사랑의 표현입니다. 저는 당신의 남편을 잊지 않았습니다.

마티아스   그녀의 가족세우기 이후에 저는 몸이 가벼움을 느꼈습니다. 다니엘라와의 관계가 확실함을 느낍니다. 저도 거기에서 많은 것을 얻었습니다.

딸들은 어머니 곁에 서야 하는가

H   또 다른 질문이 있습니까?

다니엘라   예, 질문이 있습니다. 실비아의 가족세우기에서 선생님은 "딸은 어머니 곁에 서야 한다."고 말씀하셨습니다. 제 가족세우기에서는 다른 점이 있습니다. 저는 "어머니 당신을 보내드립니다."라고 말했습니다. 실비아의 경우에는 딸은 어머니 곁에 있어야 좋은 것같이 말씀하셨습니다.

H   보통의 경우는 그러합니다만 당신의 경우는 아주 달랐습니다. 어머니의 운명이 당신을 아버지 곁에 서 있도록 하였습니다. 그래야 모두 편안해합니다.

다니엘라 그럼에도 저는 어머니의 힘을 얻습니까?

H   당신은 얻지 않습니다. 당신은 벌써 가지고 있습니다.

다니엘라 맞습니다. 저는 이미 가지고 있습니다.(안도의 미소를 짓는다.)

H   (전체에게) 가족세우기에서 그렇게 빨리 이론을 세우지 마십시오. 그렇게 되면 삶의 다양함에 맞지 않게 됩니다. 그렇게 되면 좋지 않습니다. 저는 제가 한 시간 전에 말씀드린 것을 따르지 않습니다. 그럼에도 좋았습니다.

(모두 웃는다.)

(하루가 지난 후)

이제 당신을 저의 아버지로 받아들입니다
(마티아스의 부모 형제)

H   (다니엘라의 남편 마티아스에게) 당신의 부모 형제를 세우십시오. 어떻게 하는지 아시지요? 당신의 부모님은 전에 다른 인연이 있었습니까?

마티아스 공개적으로 이야기하진 않았지만 어머니의 옛 인연은 우리 가

족 모두가 압니다. [그림 1]

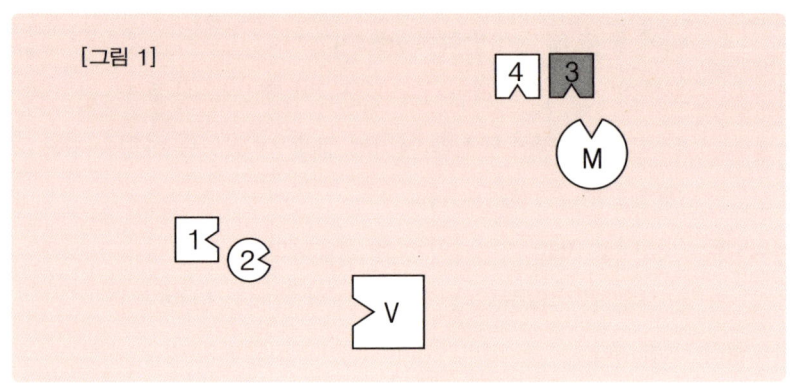

V 아버지
M 어머니
1 첫째 아이, 아들
2 둘째 아이, 딸
3 셋째 아이, 아들(=마티아스)
4 넷째 아이, 아들

H   외가 쪽에서는 무슨 일이 있었습니까?

마티아스   어머니에게는 오빠가 계십니다. 그리고 사산이 있었습니다. 그분이 태어나자마자 죽었는지는 모릅니다. 그 밖에 다른 중요한 일은 저도 모릅니다.

H   (어머니에게) 어떻습니까?

어머니   두 가지를 이야기하고 싶습니다. 첫째로, 내 앞의 두 아들은 나를 가지 못하게 막고 있습니다. 둘째, 그들이 설 자리는 여기가 아니라는 것입니다.

H   (그룹에게) 여기에서는 어머니가 가지 못하게 두 아들이 어머니를 막고 있는 것을 보여 줍니다. 아들들에게는 아주 어려운 일입니다. 그들은 이쪽으로 와야 합니다.

(헬링거는 그들을 형과 누나 옆에 세운다.)

H   (어머니에게) 이제 어떠하십니까?

어머니 이제 숨을 쉴 수 있습니다. 이제야 제 자리를 갖는 것 같습니다.
(어머니는 앞의 빈 공간을 손으로 가리킨다.)

H   앞으로 가십시오.
(그녀는 조금 앞으로 간다.)

H   어머니의 옛 인연인 것 같습니다.
(헬링거는 어머니의 첫 번째 인연을 어머니 앞에 세운다.) [그림 2]

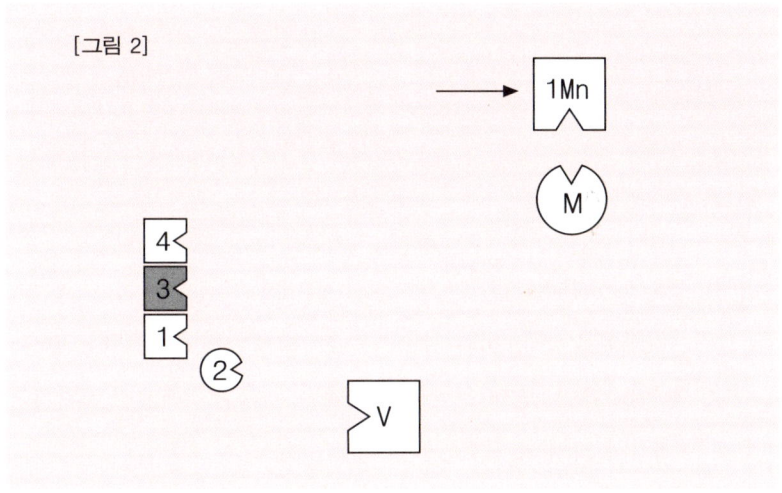

H   (어머니에게) 지금은 어떠하십니까?

어머니 재회입니다만 100% 확실한 건 아닙니다.

H   (첫째 남자에게) 당신은 어떠하십니까?

      어머니의 첫째 남자 뭔가 있습니다. (두 손을 벌리고 어머니를 가리킨다.) 상당히 강합니다. 온몸이 따뜻해집니다.

H   (어머니에게) 그의 곁에 서세요. [그림 3]

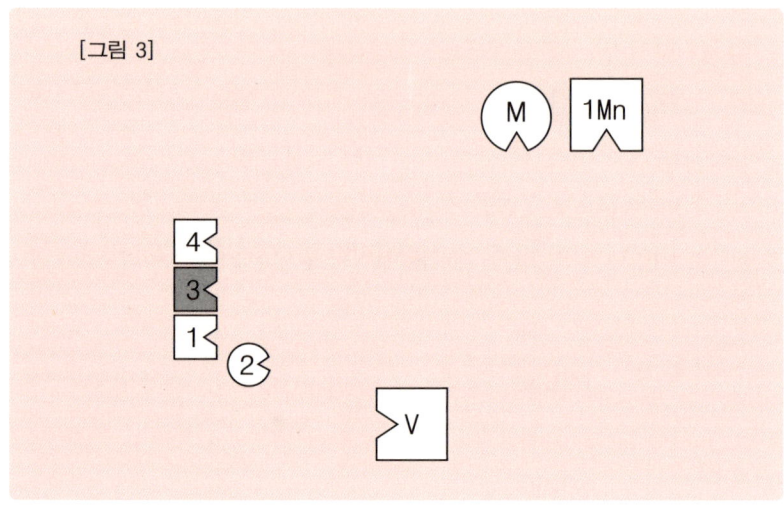

1Mn   어머니의 첫 번째 남자

어머니   예, 좋아졌습니다.

H   (마티아스에게) 여기서 우리는 첫 번째 인연을 봅니다. 당신은 어머니의 첫 번째 인연을 대신합니다. 그러기에 아버지와의 관계가 힘듭니다. 맞습니까?

마티아스 (고개를 끄덕이며) 그렇습니다.

H   아버지의 부모 형제에게는 무슨 일이 있었습니까?

마티아스 할머니가 미쳤다고 사람들이 말했습니다.

H   무슨 말씀입니까?

마티아스 가끔 급성의 공포 증상을 보이셨는데, 그 때문에 사람들은 할머니를 무시합니다.

H   할머니를요…

마티아스 예, 그렇습니다.

(마티아스는 할머니를 세운다.)

H   (아버지에게) 할머니를 세우기 전까지는 어떠셨습니까?

아버지 이제 무섭습니다. 어머니가 세워지고 제 곁을 지날 때 어머니를 보지 않으려고 몸을 돌리고 싶었습니다. 어머니가 나타나시기 전에는 제가 여기에서 무엇을 해야 하는지 몰랐습니다.

(헬링거는 아버지를 할머니의 왼쪽에 세운다.) [그림 4]

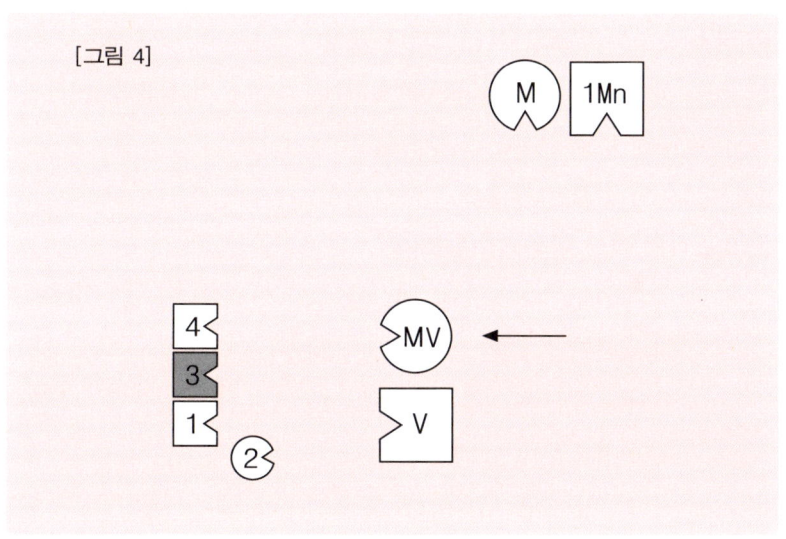

MV   친할머니

H   어떻습니까?

아버지   좋아졌습니다만 조금 이상합니다.

H   (딸에게) 할머니가 나타나신 후 당신에게 무슨 변화가 있습니까?

둘째 아이   그녀가 싫습니다. 오빠 뒤에 숨고 싶습니다. 그것이 안 되면 오빠와 남동생 사이에 서고 싶습니다. 저는 보호가 필요합니다.

H   누구를 대신합니까?

마티아스   할머니입니다.

H   그렇습니다. 맞지요?

(마티아스는 고개를 끄덕인다.)

H   할아버지는 어떠셨습니까?

마티아스   소문이 있었습니다. 그러나 확실히 모릅니다. 고모 한 분의 아버지가 다른 남자라는 것입니다. 그러나 저는 그것을 확인할 수가 없었습니다.

H   어떤 고모입니까?

마티아스   아버지의 여동생입니다.

H   당신의 누이가 고모를 대신할 수도 있겠습니다. (할머니에게) 이제 어떠십니까?

할머니 아들과 연결됨을 알겠는데 그 밖에는 아무것도 느끼지 못합니다.

아버지   큰아들이 나를 협박하는 것 같습니다. 그가 나로부터 무엇을 원하고 있는 것 같습니다.

(헬링거는 할머니와 가능한 혼외의 남자를 세운다.) [그림 5]

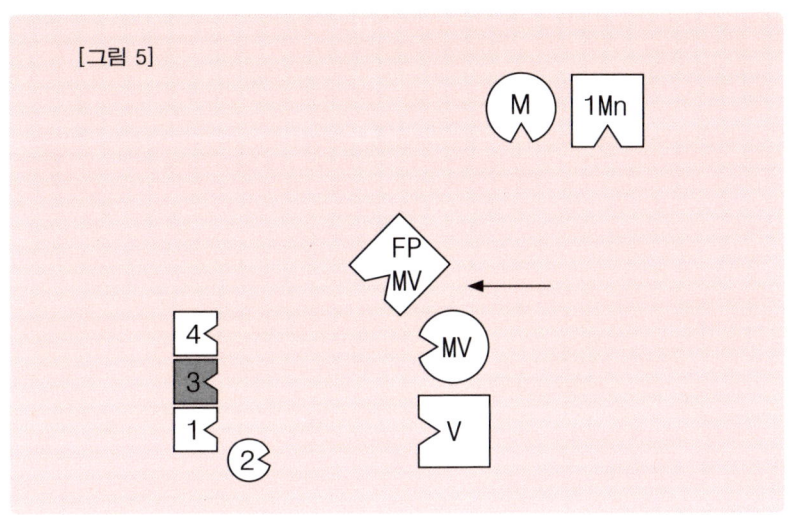

FPMV   친할머니 혼외의 남자

H   당신은 아버지입니다. 이제 어떻습니까?

아버지   많이 좋습니다.

H   큰아들이 그를 대신합니다.

(큰아들은 고개를 끄덕인다.)

H   (마티아스에게) 모두가 당신의 가족에게 누군가를 대신하고 있습니다.

넷째 아이 아주 나쁩니다. 발이 간지럽습니다. 심장이 두근거립니다. 목은 막혀 있습니다. 눈앞이 잘 보이지 않습니다.

(헬링거는 할머니를 그녀의 혼외의 남자 곁에 세운다. 아버지는 아이들 앞에 세우고 할아버지를 아버지 뒤에 세운다. 그리고 아이들을 나이 순서대로 세운다.) [그림 6]

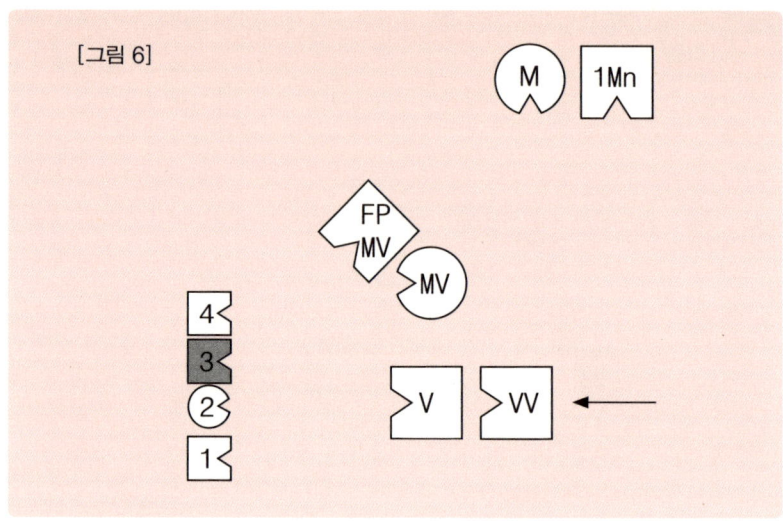

VV   친할아버지

H   (큰아들에게) 지금은 어떻습니까?

첫째 아이 좋습니다.

H   (아버지에게) 이제 어떻습니까?

아버지 좋습니다. 이제 고개를 들고 아이들을 알아볼 수 있습니다. 아이들 앞에 확실히 설 수 있습니다.

H   (마티아스 대역에게) 어떠하십니까?

셋째 아이 계속 가슴이 답답했습니다. 할아버지가 오시자 가볍게 숨을 쉴 수 있습니다. 가슴이 시원해집니다.

(헬링거는 할머니와 그녀의 혼외 남자를 반대쪽에서 다시 세우고, 어머니와 그녀의 첫째 인연도 다시 세운다.) [그림 7]

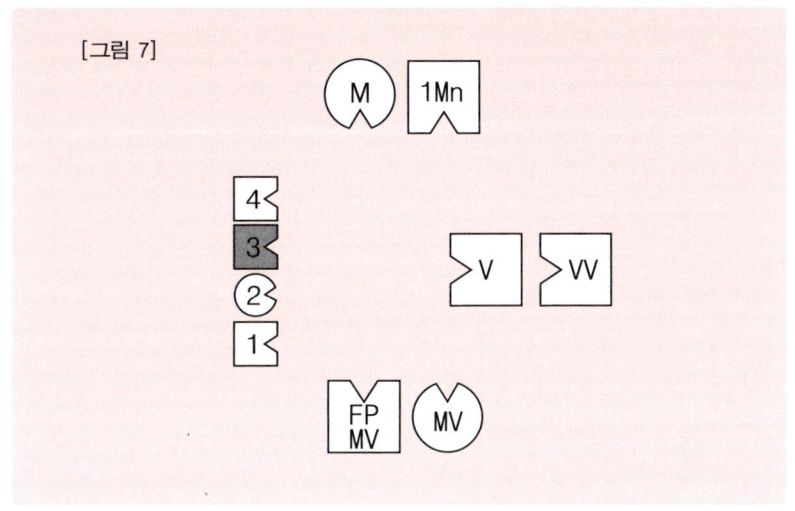
[그림 7]

H　　(마티아스에게) 이제 제자리에 서세요. 어머니를 바라보세요. 어떻게 부르셨습니까?

마티아스 어머니.

H　　어머니에게 말씀하세요. "어머니, 저는 당신을 보내드립니다."

마티아스 어머니, 저는 당신을 보내드립니다.

H　　"저는 아버지 곁에 머뭅니다."

마티아스 (운다.) 저는 아버지 곁에 머뭅니다.

H　　"거기가 제 자리입니다."

마티아스 (소리 내어 운다.) 거기가 제 자리입니다.

H　　(마티아스에게) 아버지 곁에 서서 다시 어머니께 말씀하세요. "당신을 떠나보냅니다."

마티아스 (침착하고 정확하게) 어머니, 당신을 떠나보냅니다.

| H | "저는 아버지 곁에 머뭅니다." |

마티아스 저는 아버지 곁에 머뭅니다.

| H | "거기가 제 자리입니다." |

마티아스 거기가 제 자리입니다.

| H | "그는 제 아버지입니다." |

마티아스 그는 제 아버지입니다.

| H | "다른 남자들과 저는 아무런 관계가 없습니다." |

마티아스 다른 남자들과 저는 아무런 관계가 없습니다.

| H | (어머니에게) 어떠하십니까? |

어머니 저는 제 아들을 아주 사랑합니다. 그리고 모두 맞습니다.

| H | (마티아스에게) 아버지를 보시고 말씀하세요. "아버지." |

마티아스 아버지.

| H | "이제 저는 당신을 제 아버지로 받아들입니다." |

마티아스 이제 저는 당신을 제 아버지로 받아들입니다.

| H | "저를 당신의 아들로서 보아 주세요." |

마티아스 저를 당신의 아들로서 보아 주세요.

| H | (아버지에게) 어떻습니까? |

아버지 매우 좋습니다.

| H | (마티아스에게) 다시 제자리로 들어가세요. 이제 어떻습니까? |

마티아스 좋아졌습니다.

| H | (아버지를 가리키며) 거기에 힘이 있습니다. 아버지에게 등을 대고 서세요.

(마티아스는 뒤로 돌아 아버지에게 기대어 선다. 그 뒤에 할아버지가 서

있다.)

H 눈을 뜨고 세상을 보세요. (조금 있다가) 좋습니까?

마티아스 (고개를 끄덕이며 웃는다.) 좋습니다.

H 제자리로 들어가세요.

(대화가 한 바퀴 돈 후)

마티아스 아버지로부터 힘이 오는 것을 확인할 수 있습니다. 아버지 곁에 가까이 가야 합니다.

다니엘라 마티아스의 가족세우기가 저를 행복하게 합니다. 마티아스의 어머니가 마티아스를 아주 사랑하신다는 것이 제 가슴을 열게 합니다. 마티아스가 아버지와 할아버지를 등 뒤에 두고 서 있음으로 해서 느껴진 힘은 저에게 아주 아름답습니다. 제가 이 힘을 그에게 줄 필요가 없습니다. 그는 벌써 자신의 아버지로부터 받았습니다.

H (다니엘라에게) 당신은 마티아스로부터 반대로 힘을 얻습니다.

다니엘라 정말 그렇습니다. 매우 좋습니다.

배우자보다 더 좋은 선물은 없다

다니엘라 가슴이 답답합니다. 조금 전에 선생님께서 우리는 상대방의 부모를 인정해야 한다고 말씀하셨으며, 저는 마티아스가 저렇게 된 것은 마티아스의 부모님 탓이라고 속으로 원망했습니다. 마티아스에게 뭔가 잘못이 있다면 그것은 부모님의 탓이라고 생각합니다.

| H | 그렇습니다. 그의 부모님이 그러했기에 그는 그러합니다. 당신의 부모님이 그러했기에 당신이 그러합니다.

(다니엘라와 마티아스는 고개를 끄덕인다.)

| 다니엘라 | 저는 압니다.
| H | 배우자보다 더 좋은 선물은 없습니다.

(마티아스와 다니엘라는 서로 눈을 마주 보고 웃는다.)

| H | 그보다 더 좋은 것은 없습니다. 가장 좋은 것을 당신은 벌써 얻었습니다.
| 다니엘라 | 예.

이별

| 스테펀 | 이 워크숍에서 제가 얻고 싶은 것은 헤어질까, 헤어지지 않을까에 대한 명백함입니다.
| H | 결혼하셨습니까?
| 스테펀 | 아니요, 저희들에게는 이별이 문제입니다.
| H | 동거한 지는 몇 년 되셨습니까?
| 스테펀 | 5년 되었습니다.
| H | 당신은 벌써 결정하셨습니다.

(오랜 침묵이 흐르는 사이 스테펀과 그의 동거녀인 사비네는 가볍게 고개를 숙인다.)

| H | 분명하십니까?
| 스테펀 | 아닙니다. 확실하지 않습니다.

H　　　　당신은 결정하셨습니다.

사비네　　제게도 마찬가지입니다. 저도 분명히 '예' 또는 '아니오' 하고 싶습니다.

H　　　　당신도 이미 결정하신 것 같은데요.

사비네　　그러나 저는…

H　　　　당신들 사이에 무슨 일이 있었습니까?

(사비네는 울기 시작한다.)

H　　　　여기서 그만합시다.

(사비네는 고개를 끄덕인다.)

H　　　　나중에 계속합시다.

(대화가 한 바퀴 돈 후에)

배우자가 아이 낳기를 거절한다면

스테펀　　겉으로는 편안합니다만, 안에서는 끓고 있습니다.

사비네　　저희들 사이에 무슨 일이 있었냐고 물으셨는데 조금 전까지는 아무 생각이 떠오르지 않았습니다. 무슨 특별한 극적인 일은 없었습니다. 처음으로 정확히 알아낼 수 없게 되었습니다. 많은 상처가 쌓인 것 같습니다.

H　　　　결정적인 일이 있습니까?

사비네　　잘 모르겠습니다. 제가 아이를 원한다고 했을 때 시작된 것 같습니다.

H　　　　그는 어떻게 반응했습니까?

사비네   아주 심하게 거절했습니다.

H   바로 그것이 관계의 끝입니다. 바로 그것이 상처입니다.

(사비네는 동의하면서 고개를 끄덕이고 스테펀도 고개를 끄덕인다.)

(2일 후)

말한 것은 거의 언제나 그것의 반대다

사비네   오늘 아침에 일어나자 원래는 내가 아이를 원치 않았다는 생각이 떠올랐습니다. 수년 동안 그래 왔습니다만 최근 몇 달 사이에 바뀌었습니다.

H   매우 정직하시군요. 정직은 치유력이 있습니다. 제가 이제까지 일해 오면서 아주 중요한 점을 알아냈는데, 그것은 말한 것은 거의 언제나 그것의 반대라는 것입니다.

사비네   제가 원래 아이를 원한다고 얘기하고 싶으신가요?

H   아닙니다. 스테펀이 아이를 원치 않는다고 하셨습니다. 이제 그 반대라는 것을 당신은 보았습니다. 이걸 알게 되면 다른 차원으로 오게 됩니다. 우월감이 없어지고 두 분 다 인간적이 됩니다. 이런 차원에서 서로 대등하게 이야기할 수 있습니다.

사비네   대등하지 않다는 느낌이 이제 제게 드는데요. 사실로 말하면 스테펀은 아이들을 원합니다.

H   그러면 이제 당신 차례입니다.

(사비네는 웃는다.)

H   됐습니까?

사비네   아닙니다. 당신은 이 워크숍이 시작될 때 저희들 같은 경우에는 관계가 끝이라고 말씀하셨습니다.

H   제 말을 꼭 그대로 따를 필요는 없습니다.

(사비네와 스테펀은 웃는다.)

H   제가 어제 당신이 제 말을 꼭 그대로 따르게 했다면 어떠했을까요? 아무 변화가 생기지 않았을 겁니다. 언제나 제가 말씀드린 것으로부터 벗어나기에 변화가 생깁니다. 저는 계기를 줍니다. 이제 당신은 새로운 인식 즉, 새로운 출발점을 갖게 되었습니다. 이제 두 분 다 영혼이 분명해질 때까지 기다리세요. 시간이 걸릴 겁니다. 서두를 필요가 없습니다. 소위 말하는 결정이 필요 없습니다. 싸움이 없기에 잘됩니다. 그러나 아이를 낳기 전에 결혼할 수 있겠습니다.

(사비네와 스테펀은 웃는다.)

(조금 후에)

아버지 곁에 저는 머물 수 있습니다
(스테펀의 부모 형제와)

스테펀   여기에 잘못 왔다는 느낌이 듭니다. 여기 있는 모든 분을 보기가 어렵습니다. 누구와도 관계가 없는 느낌입니다. 이 점이 매우 분명합니다.

H   (스테펀과 사비네에게) 두 분 다 제 곁으로 오세요. 가족세우기를 할까요?

스테펀   예.

H   당신은 이제 잘하실 것 같은데요.

(스테펀은 웃는다.)

H   부모 형제분들에게 무슨 일이 있었습니까?

스테펀   어머니는 30년 전부터 우울증을 앓고 계십니다. 오랫동안 저는 어머니의 운명을 가볍게 해 드리려고 했습니다.

H   전에 한 친구가 저에게 짤막한 이야기를 해 주었습니다. 한 남자에게 아주 많이 아픈 친구가 있었습니다. 환자는 침대에 누웠습니다. 그 남자는 밤새워 침대를 지키다가 새벽이 되자 죽었습니다. 아픈 친구는 다시 일어났습니다.

(스테펀이 웃으며 고개를 끄덕인다.)

H   당신에게 이 이야기가 어떤 의미를 줍니까?

스테펀   예.

H   아버지에겐 어떤 일이 있었습니까?

스테펀   아버지는 안 계셨다는 느낌입니다. 저의 아버지는 제가 태어난 후 7일 만에야 저를 보셨습니다. 그 얘기를 들었을 때, 아버지가 그전에는 저를 보려고 하지 않으셨다는 상상이 저에게 아주 많은 상처를 주었습니다.

H   진짜로 무슨 일이 일어났는지 아십니까? 아마도 올 수 없었을 수도 있습니다. 어느 해에 태어나셨습니까?

스테펀   1962년입니다.

H   아버지의 직업은 무엇입니까?

스테펀   기계기사입니다만, 곧 퇴직하시게 됩니다.

H　　　　그 당시 아버지는 출장 중이었습니까?

스테펀　　아닙니다. 아버지는 그때 저희가 살던 도시에서 선생님을 하셨습니다. 부모님은 그전에 아무런 인연도 없었고 지금은 같이 사십니다.

H　　　　결혼하신 상태였습니까?

스테펀　　저를 임신했을 때 아직 결혼하지 않은 상태였습니다. 두 분은 저 때문에 결혼하셨습니다. 그러나 두 분은 저를 임신하지 않았더라도 결혼했을 거라고 말씀하셨습니다.

H　　　　당신은 그 말씀을 믿었습니까?

스테펀　　예.

H　　　　(스테펀의 배우자(동거녀)에게) 그는 그분들을 믿었습니까?

사비네　　(스테펀의 눈을 본다.) 저는 다르게 들었습니다.

(스테펀은 가볍게 끄덕인다.)

H　　　　(스테펀에게) 당신은 부모님의 말씀을 믿지 않았습니다. 믿지 않았기에 당신은 그렇게 심하게 어머니를 책임져야겠다는 느낌을 가졌습니다. 의무 결혼이 어떠한가를 설명하겠습니다. 의무적으로 결혼을 한 후 부모 중 한 분이 불행해지거나 조울증에 걸리면 그 사이에 태어난 아이가 죄책감을 느낍니다. 어떻게 풀려 나오는지 아십니까?

스테펀　　당신 말씀을 들을 수가 없었습니다. 저는 생각이 다른 곳에 있었습니다.

H　　　　상관없습니다. 영혼은 벌써 들었습니다.

스테펀　　그렇다면 그러하겠습니다.

H	당신 가족을 세웁시다. 그러면 더 잘 볼 수 있습니다. 형제자매가 있습니까?
스테펀	여동생이 한 명 있습니다.
H	자, 세우세요. 아버지, 어머니, 당신 그리고 여동생. [그림 1]

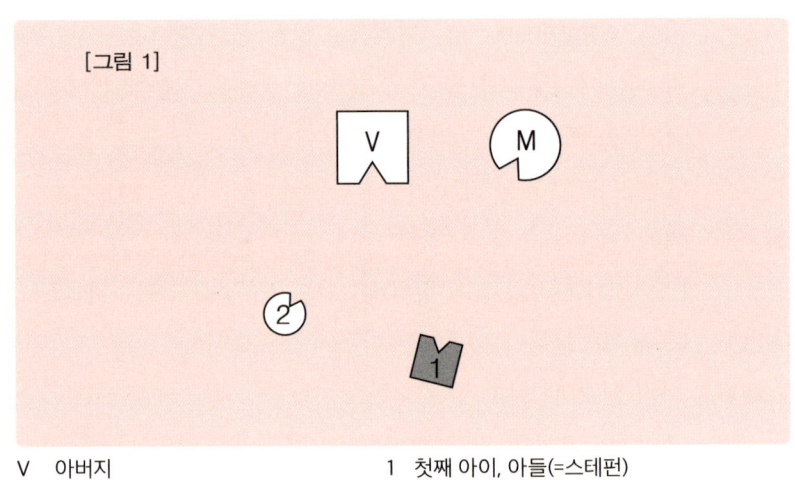

[그림 1]

V 아버지
M 어머니
1 첫째 아이, 아들(=스테펀)
2 둘째 아이, 딸

H	(스테펀에게) 부모님은 전에 어떤 인연이 있었습니까?
스테펀	없었습니다.
H	아버지는 어떠하십니까?
아버지	아무와도 관계가 없는 느낌입니다. 고립된 느낌입니다.
H	어머니는 어떠하십니까?
어머니	허리 왼쪽이 아픕니다. 남편이 오른쪽에 오자 오른쪽 어깨가 아픕니다. 아주 심하게 심장이 뜁니다.

H　　　　(다시 어머니에게) 어떠하십니까?

어머니　　아이들하고는 어렵습니다.

H　　　　(스테펀의 대역에게) 어떠하십니까?

첫째 아이　몸이 무거워서 처집니다.

H　　　　(여동생에게) 어떠하십니까?

둘째 아이　심장이 뜁니다. 오빠와는 따뜻함이 흐릅니다. 부모님과는 아무런 느낌이 없습니다.

첫째 아이　저도 심장이 뜁니다.

(헬링거는 어머니를 다섯 발자국 앞으로 가서 등을 뒤로 하고 서 있게 한다. 아들과 딸을 아버지 앞에 세운다.) [그림 2]

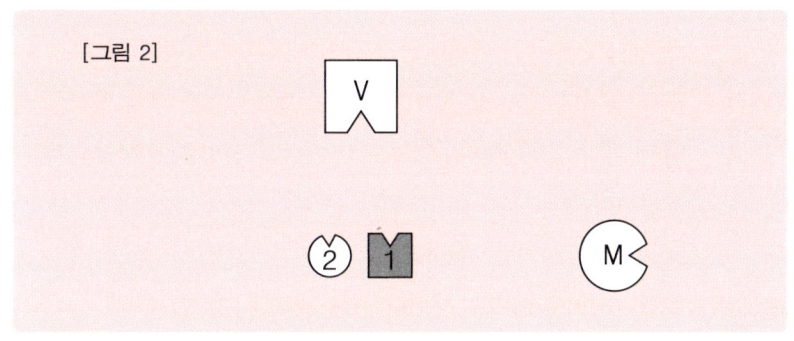

H　　　　(아버지에게) 어떠하십니까?

아버지　제 아이들이 있음을 느낍니다. 좋아졌습니다.

H　　　　(스테펀의 대역에게) 어떠하십니까?

첫째 아이　편하고 가벼워짐을 느끼며, 기분이 좋아집니다.

H　　　　(여동생에게) 당신은?

둘째 아이 더 좋아졌습니다.

H (스테펀에게) 할 말이 없습니까?

스테펀 (당황하며) 예?

H 어머니는 가시려고 합니다. 그래서 당신은 어머니를 못 가시게 하려고 합니다.

어머니 저 앞에 있는 아름다운 꽃들이 있는 곳으로 가고 싶습니다. 꽃들이 아주 제 맘에 듭니다.

H 그것은 하늘로 향한 동경입니다.
(스테펀에게) 외가 쪽에 무슨 일이 있었습니까?

스테펀 외할아버지는 어머니가 세 살이었을 때 전쟁터에서 돌아가셨습니다.

H 바로 그것입니다. 어머니는 외할아버지에게 가려고 합니다.

스테펀 또 있습니다. 큰이모가 어머니의 열 번째 생일 때 화물차에 깔려서 돌아가셨습니다. 그래서 어머니의 생일은 큰이모의 제삿날입니다.

H 예, 우선 아버지를 세웁니다.

(헬링거는 외할아버지의 대역을 어머니 앞에 세운다.) [그림 3]

[그림 3]

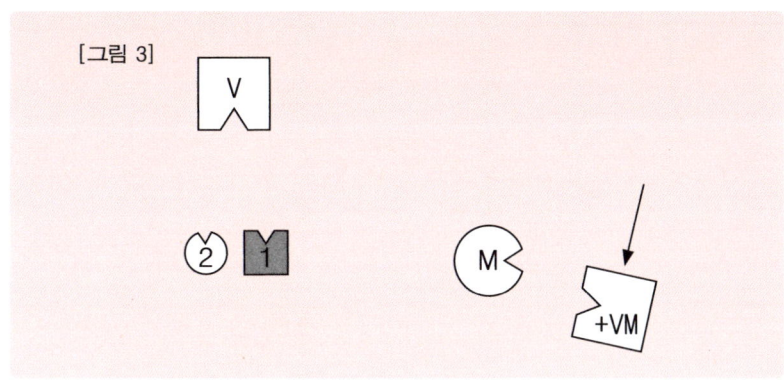

+VM　어머니가 세 살 때 전쟁터에서 돌아가신 외할아버지

H　　　(어머니에게) 이제 어떠하십니까?
어머니　아버지는 꽃을 가립니다. 아버지를 그에게서 보기가 어렵습니다.
H　　　(외할아버지에게) 어떠하십니까?
외할아버지　딸과 '아버지와 딸의 관계'가 있습니다.
(헬링거는 이제 어머니를 아버지 오른쪽에 세운다. 외할아버지를 그 곁에 세운다.)
H　　　(어머니에게) 아버지를 뒤에 세울까요? 어느 것이 더 좋습니까?
어머니　서 볼 수 있습니까?
H　　　예, 해 보세요.
어머니　뒤에 계시니 더 좋습니다.
(헬링거는 사고로 죽은 이모를 어머니 곁에 세우고 외할아버지를 뒤에 세운다.) [그림 4]

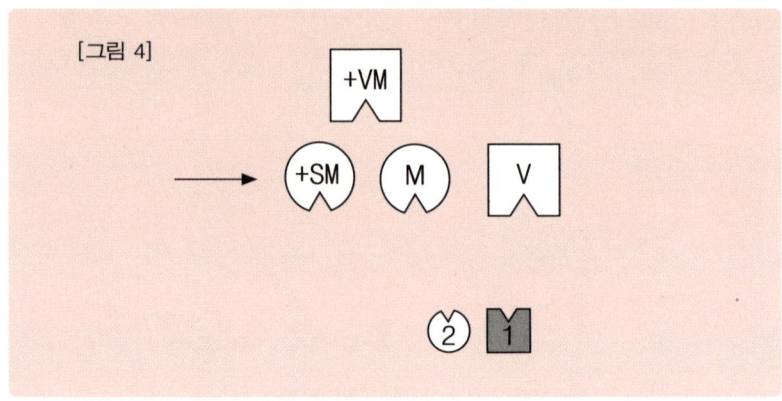

+SM   사고로 죽은 이모

H   (어머니에게) 이제 어떠하십니까?
어머니   아버지와 언니와 제가 아주 관계가 깊은 것을 알 수 있습니다. 이제 제 앞의 아이들을 알아볼 수 있습니다.
H   아버지는 어떻습니까?
아버지   전과 같이 좋습니다.
H   부인에게 조금 가까이 가세요.
(아버지는 어머니 곁으로 반 발자국 간다.)
아버지   이제 모두 가족 같은 느낌이 듭니다.
H   (스테펀의 대역에게) 당신은 어떠하십니까?
첫째 아이 어머니가 이쪽으로 오시자 심장이 다시 크게 뛰기 시작했습니다만 지금은 좋습니다.
H   (스테펀의 대역과 여동생에게) 당신들은 아버지 곁으로 가세요. 당신들은 어머니 곁을 떠나서 아버지 곁으로 가야 합

니다. [그림 5]

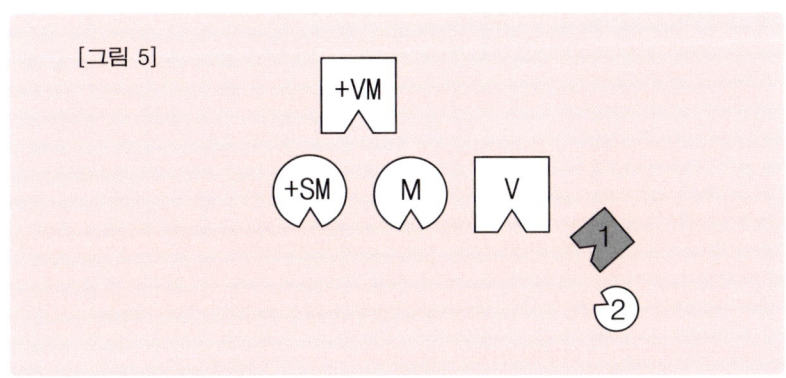

[그림 5]

H   (아버지에게) 아이들이 곁에 서니까 어떠하십니까?

아버지   좋습니다.

H   (스테펀의 대역에게) 어떠하십니까?

첫째 아이 좋습니다.

H   (여동생에게) 어떠하십니까?

둘째 아이 더 좋아졌습니다.

(스테펀은 이제 제자리에 선다.)

H   (스테펀에게) 자, 모두를 바라보세요.

스테펀   기분이 좋습니다. 여기 서 있을 수 있다는 느낌이 듭니다. 보호 받고 의지할 수 있는 느낌입니다.

H   어머니에게 말씀하세요. "여기에 저는 서 있을 수 있습니다." 어머니를 바라보세요.

스테펀   여기에 저는 서 있을 수 있습니다.

H	"아버지 곁에 저는 서 있을 수 있습니다."
스테펀	아버지 곁에 저는 서 있을 수 있습니다.
H	"아버지 곁에 있는 것을 허락해 주세요."
스테펀	아버지 곁에 있는 것을 허락해 주세요.
H	어머니는 어떠하십니까?
어머니	아주 가벼워집니다.

(헬링거는 스테펀을 외할아버지 앞에 세운다.)

H	자, 외할아버지를 보고 인사를 하며 말씀하세요. "외할아버지! 저는 당신께 영광을 드립니다."
스테펀	(잠시 침묵 후에) 외할아버지! 저는 당신께 영광을 드립니다.

(스테펀은 매우 격해 있다.)

H	외할아버지를 향한 느낌이 아주 강렬합니다. 가까이 가서 껴안으세요.

(스테펀은 외할아버지를 꼭 껴안고 깊이 숨을 쉰다.)

H	말씀하세요. "외할아버지."
스테펀	외할아버지.
H	"당신은 제 안에 지금도 살아 계십니다."
스테펀	당신은 제 안에 지금도 살아 계십니다.
H	"삶의 축복을 내려 주세요."
스테펀	삶의 축복을 내려 주세요.
H	외할아버지는 어떠하십니까?
외할아버지	잘 모르겠습니다.
H	무엇을 느낍니까?

외할아버지 반감이 생깁니다. 제가 저 애로부터 어머니를 빼앗았다는 느낌입니다.

스테펀 제 앞에 갑자기 외할머니를 보았습니다. 그때 제 느낌은 외할머니가 그것을 허락하지 않은 것 같았습니다. 외할머니는 저를 가끔 갈망하는 눈으로 쳐다보면서 말씀하셨습니다. "너는 내 남편 같구나." 아주 힘듭니다. 외할머니를 위해 외할아버지를 대신해야 합니다. 외할머니가 여기에 오셔서 서 계신다는 것을 느낍니다.

(헬링거는 외할머니의 대역을 외할아버지 곁에 세운다.) [그림 6]

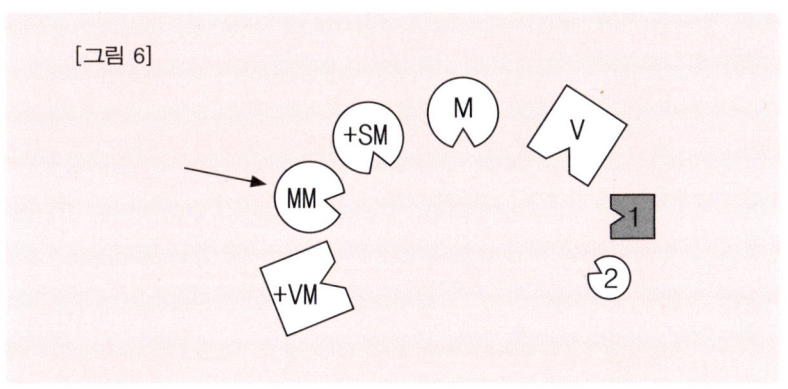

MM 외할머니

H (스테펀에게) 어머니에게 말씀하세요. "외갓집이 어떠하든지 저는 아버지 곁에 섭니다."

스테펀 외갓집이 어떠하든지 저는 아버지 곁에 섭니다.

H 외할아버지에게도 말씀하세요. "저는 아버지 곁에 섭니다."

스테펀   저는 아버지 곁에 섭니다.

H   외할머니에게도 말씀하세요.

(스테펀은 머뭇거린다.)

H   말씀하세요. "저는 아버지 곁에 섭니다."

스테펀   저는 아버지 곁에 섭니다.

H   "여기가 제 자리입니다."

스테펀   여기가 제 자리입니다.

H   외할아버지는 어떠하십니까?

외할아버지 좋습니다.

H   외할머니는요?

(외할머니는 동의하며 고개를 끄덕인다.)

H   어머니는요?

어머니   저는 언제나 제 아들이 저를 위해서 그렇게 했다는 느낌입니다.

H   스테펀에게 말씀하세요. "나는 괜찮다. 너 좋은 대로 해라."

어머니   나는 괜찮다. 너 좋은 대로 해라.

H   "아버지 곁에 있어라."

어머니   아버지 곁에 있어라.

H   이제 어떠하십니까?

스테펀   좋습니다. 모든 것이 갑자기 이렇게 간단하다니요. …

H   당신의 여자가 어디 있습니까?

사비네   여기 있습니다.

(헬링거는 사비네를 스테펀 앞에 몇 발자국 떨어져서 세운다. 그들은 서

	로 눈을 마주 본다.)
H	(스테펀에게) 말씀하세요. "나는 삽니다. 이제 삽니다."
스테펀	나는 이제 삽니다.
H	(사비네에게) 어떠하십니까?
사비네	(울면서) 믿을 수가 없네요.
스테펀	저는…
H	(스테펀에게) 더 이상 말씀하지 마세요. 제가 합니다. 당신과 상관없습니다. 그녀의 문제입니다.
	(잠시 침묵이 흐른 후 사비네에게) 그에게 반한 적이 있습니까?
사비네	예.
H	정말이요?

(사비네는 편안하게 진심으로 웃는다.)

H	그때를 기억할 수 있겠네요.
	(스테펀을 보고 웃으면서) 당신께 말하고 싶습니다. 당신은 어머니 걱정을 당신 여자에게 계속할 수 있습니다.
	(사비네에게) 그가 30여 년 동안 자기 어머니 걱정을 했는데 당신에게도 합니다. 그가 그렇게 해야 합니까?
사비네	아닙니다.
H	더 하실 말씀이 있습니까?
사비네	(스테펀을 오랫동안 바라본 후에 헬링거에게) 모르겠습니다.
H	여기서 중단합니다. 당신과 나중에 별도로 작업해 봅시다.
	(스테펀에게) 당신의 좋은 위치에 머무르세요. 거기에 힘이 있습니다. 됐습니까?

(스테펀과 사비네는 고개를 끄덕인다.)

우리는 새로운 시작을 해도 된다

H 행복의 비밀에 관해 말씀드리고 싶습니다. 행복은 잘 잊힙니다. 옛것을 기억하지 못합니다. 그러나 불행은 오래갑니다. 부부관계가 어려울 때 이걸 좋게 할 수 있는 방법은, "우리는 새로운 시작을 해도 됩니다."라고 서로에게 말하며 더 이상 지난 것에 대해 이야기하지 않는 것입니다. 생각조차 하지 않습니다. 이것이 행복의 비밀입니다. 아주 간단하죠.

(스테펀과 사비네 그리고 다른 사람들도 웃는다.)

사비네 (웃으면서) 저에게도 그런 생각이 듭니다.

(하루 후에)
쉬운 해결은 모욕으로 경험된다

스테펀 어제 저의 가족세우기를 다시 생각해 보니 그것은 저의 생활신조와 맞지 않습니다. 너무나 단순합니다.

H 맞습니다.

스테펀 저는 모든 것을 언제나 복잡하게 여깁니다. 그리고…

H 원하신다면 복잡하게도 할 수 있습니다. 멀리 돌아가고 싶다면 저도 그렇게 합니다. 너무나 단순하기에 거의 모욕으로 받아들여집니다.

스테펀	그렇습니다. 전에 있던 모든 것에 의문을 제기하기 때문이죠.
H	그렇게 많은 것이 헛되었다고 느낍니다. 1차 대전 이후 인플레이션 통화가 있었습니다. 백억 마르크 돈으로 빵 하나를 살 수 있었습니다. 많은 사람들은 그 화폐를 잘 간수하면서 말했습니다. "나중에 가치가 높아질 거야."라고…

(스테펀은 웃으며 고개를 끄덕인다.)

많은 사람들은 상대방을 혼내기 위해 꿈을 사용한다

사비네	스테펀의 가족세우기를 보고 그것의 간단함에 저도 놀랐습니다. 저도 항상 생각했었습니다. 그 원인은…
H	당신도 반복하려고 하시는군요. 제발 그만하십시오.

(사비네는 웃는다.)

사비네	그렇다면 잘못이 제게 있다는 느낌입니다.
H	그렇습니다. 당신께도 있습니다. 어제 분명히 보았습니다. 그는 화해를 하려고 했는데 당신은 거절했습니다.

(사비네는 가볍게 끄덕인다.)

H	하나의 비밀을 알려 드리겠습니다. 두 사람의 죄인은 더 사이 좋게 지낼 수 있습니다. 그가 당신에게 전에 상처 주었다고 어제 말씀하셨지요?
사비네	흠.
H	어제 당신은 상처를 주었습니다. 이제 조절이 되었습니다. 이제 당신들은 다시 시작할 수 있겠습니다.

사비네   매우 오랫동안 헤어지려고 노력했습니다만, 이러지도 저러지도 못하고 있습니다.

H   왜 그런지 아십니까?

사비네   모릅니다.

H   당신은 그에게 빚이 있습니다.

사비네   그러나 저는 이유를 모릅니다.

H   당신께 말씀드렸습니다. 당신은 그에게 빚이 있습니다.

사비네   저는 모릅니다. 지난밤에 두 개의 꿈을 꾸었습니다. 꿈에서…

H   (말문을 막으며) 꿈에 대해서 말씀드려야겠습니다. 꿈은 단지 꿈일 뿐입니다. 많은 사람들은 상대방을 혼내기 위해 꿈을 사용합니다. 그들은 말하곤 합니다. "내가 당신에 관해서 꿈을 꾸었는데…" 하면서 꿈이 신의 계시인 양 취급합니다. 다른 사람에 관한 대부분의 꿈이 말해지면 나쁜 계략입니다. 꿈은 다른 사람과 아무 관련이 없고 오직 자신과 관계있습니다.

사비네   저도 압니다. 그렇게 말씀드리려고 하지 않았습니다.

H   좋습니다.

사비네   첫 번째 꿈에서는 오래된 집이 무너졌습니다. 제가 그 집을 다시 지어야 한다는 책임을 느꼈습니다. 다른 꿈에서는 낡고 수선된 계단이 있었는데 제가 부수었습니다. 그 일에도 역시 책임감을 느꼈는데 다시 만들고 싶지 않았습니다.

H   첫 번째 문장은 가치를 가집니다. 첫 번째 문장은 '집이 무너졌다.'입니다. 그것이 꿈입니다. 그 문장에 머물면 꿈은 효력을 발합니다.

사비네 오늘 저의 가족세우기를 하고 싶은데요.

H 저는 잘 모르겠습니다.

사비네 제가 어떤 것을 이해할 수 없다는 느낌이 듭니다.

H (조금 후에) 간단한 테스트를 해 봅시다. 두 가지 상황을 상상해 보세요. 첫째 상황은 '제가 가족세우기를 한다.'이고 두 번째 상상은 '제 시선이 당신에게 머물면서 가족세우기를 하지 않는다.'는 것입니다. 언제 당신께 힘이 더 많이 생깁니까? 제가 가족세우기를 할 때와 하지 않을 때를 비교해 보십시오.

사비네 당신이 가족세우기를 하실 때입니다.

H 아닙니다. 제가 가족세우기를 하지 않을 때입니다. 하도록 하는 유혹이 큽니다만 저는 하지 않습니다. 그때 저에게 힘이 생깁니다. 저의 기준은 다음과 같습니다. 언제 제가 힘이 더 세집니까? 제가 더 우월하다는 의미가 아니고 언제 저의 품위를 지킬 수 있는가입니다. 제가 '가족세우기를 하면 혹은 하지 않으면' 하면서, 분명하게 되는 것을 기다립니다. 여기에선 제가 가족세우기를 하지 않으면 제 품위와 힘을 지킵니다. 그렇지 않으면 처음부터 실패할 수밖에 없는 일에 제 자신이 얽매이게 됩니다.

(사비네가 고개를 끄덕인다.)

H 고맙습니다.

| 둘 |
사랑과 운명-무엇이 부부를 성장하게 하는가

서문

처음엔 동경·희망·친밀과 쾌락으로 가볍게 시작한 남녀 간의 사랑은 최초의 한계를 넘으면서 풍부한 것으로 이끌려진다.

이 글은 2002년 5월 로마에서 열린 워크숍과 2002년 8월 워싱턴에서 있었던 워크숍의 내용을 편집한 것이다. 그중 한 여인의 가족세우기에서, 그녀의 아버지는 원자폭탄의 제조에 중요한 역할을 하였으나 남편은 일본인이었다. 이리하여 그들의 결혼생활에서는 그들도 알지 못하는 두 나라의 분쟁이 반복되었다.

이러한 과거의 운명적인 얽힘이 의식되면 위의 예와 같이 두 부부가 개인을 넘어서서, 인간으로서 아직까지 서로를 보지 못하고 화해하지 못한 가해자와 피해자를 주목함으로써 사랑으로 이 얽힘을 견디어 낸다. 이들의 사랑이 그들 앞에서 가해자와 피해자에게 미치고, 그들의 사랑을 전에는 위태롭게 했던 과거가 이제 그들의 사랑 안에서 화해롭게 서로를 찾을 때에야 그들의 운명은 그들의 사랑 안에 자리를 잡는다.

가끔 수세대에 걸쳐 내려오는 가족사의 얽힘이 현재 남녀 간의 사랑에 영향을 미치기도 한다. 이 얽힘은 가족세우기를 통해 드러나 보여지고 인정되며 질서를 잡게 된다. 그리하여 얽힘은 후세대를 위해 풀어지며 두 사람은 새롭게 서로를 만나게 된다. 사랑을 시험하는 운명이나, 이 시험을 직시해야 하는 이들을 성장하게 하는 운명은 인간적인 것이다. 옛 상대나 가족과의 풀어지지 않는 인연, 각자에게 속한 잘못이나 병은 여기에 속한다. 예를 들어 자기의 운명이 상대에게 받아들여지기 어려운 경우나, 피할 수 없는 다른 방향으로 흘러갈 때, 사랑으로 상대를 자유롭게 하라는 통찰도 가끔 운명에 속한다. 그렇게 되면 상대에게 단지 "나는 당신을 사랑해요."라고만 하지 않는다. 대신 "나는 당신이 나와 당신을 이끄는 것을 사랑해요." 하게 된다. 이리하여 운명은 남녀를 맺어지게 할 뿐만 아니라 헤어지게도 한다. 그럼에도 사랑은 변하지 않으며 더 나아가 운명에 의해 성장하기도 한다.

   이 글은 남녀 간의 사랑에 관한 일상적인 생각을 넘어서게 한다. 우리가 사랑을 복합적으로 얽힌 인간의 운명과 함께 경험함으로써 그것은 우리에게 귀하게 나타난다. 이것으로 말미암아 우리는 사랑의 은총을 경험한다.

첫눈에 반한 사랑과 다시 잘 보는 사랑

헬링거(Hellinger, 이하 'H')

우리는 여기 "Domus Pacis"라는 평화의 집에 모였습니다. 먼저 평화에 관해 말하고 싶습니다.

가족세우기와 그로부터 전개되어 가는 것은 평화를 이루는 일입니다. 여기에서 평화란 대립하는 것들이 더 큰 것을 향해 하나가 되는 것을 말합니다. 이 평화에서는 다름이 존중됩니다. 대립하는 것을 우리가 다르게 받아들이더라도 더 큰 것 앞에서는 결국 대등하게 인정됩니다. 이것은 아주 가까운 곳에서 시작합니다.

이 워크숍의 제목은 "다시 잘 보는 사랑"입니다. 이 사랑은 다른 것을 보존하게 하며 상대의 영혼이나 운명을 침범하지 않습니다. 그러기에 그로부터 생긴 평화는 항상 단념과 같은 것이 됩니다. 평화는 포기에 의해 생깁니다.

남녀가 첫눈에 반해서 사랑하게 되고 평생을 같이 살기로 합니다. 반한다는 것은 '상대를 보지 않는 것'입니다. 나는 내 영혼의 갈망에 맞는 상(相)에 끌립니다. 이 상과 갈망을 아주 깊이 보면 어머니를 향한 것입니다. 어머니에게 용해되고 싶은 갈망입니다. 이는 남녀에 관계없이 일어납니다. 이 용해됨 속에서는 자신을 버립니다. 그때 우리는 아주 큰 힘에 의해서 떠받쳐지는 경험을 하며, 이 힘 안에서 우리는 사라집니다. 이것은 어머니이며 어머니와 연결된 상이나 느낌입니다.

이 갈망은 동시에 죽음을 향한 갈망이기도 합니다. 이 갈망 속에서 우리는 생의 어떤 것을 포기합니다. 그러기에 서로에게 반한 사람들이 같이 죽으려고 하는 것은 놀랄 일이 아닙니다. 반한다는 것은 같이 있게 합니다만 사랑은 아닙니다.

사랑은 다릅니다. 사랑은 상대를 어머니와 같이 여기지 않고 있는 그대로 봅니다. 사랑은 상대가 다른 것으로 대체될 수 없고 또한 상대를 변화시킬 수 없으며 변화시켜서도 안 된다는 것을 보여 줍니다. 내가 상대에게 이렇게 다가감으로써, 그리고 상대를 봄으로써 나는 나를 대체될 수 없는 유일무이한 존재로 인정하게 됩니다. 그래서 나는 상대가 나를 그렇게 보게 합니다. 우리가 우리를 그렇게 보게 되면 우리는 우리의 있는 그대로 존재하게 됩니다. 우리는 우리가 다르다는 것과 각자 다른 가정에서 성장했으며 아마도 다른 운명을 가지리란 것을 존중합니다. 이렇게 서로 동의함은 우리를 강하게 합니다. 그것은 동시에 포기이기도 합니다. 이 단념에서 두 사람 사이에 평화가 깃듭니다.

이렇게 존중하게 되면 싸움이 없게 됩니다. 결혼생활에서나 배우자 간의 불화는 언제나 어머니를 향한 본래의 갈망에서 시작됩니다. 그러기에 우리는 이런 불화를 통해 겸손하게 되어 결국에는 온화하게 되는 것입니다. 자, 이제 가족세우기를 합시다.

| 첫 번째 부부 |

나는 당신을 사랑으로 떠나보냅니다

H (첫 번째 부부에게) 자, 제 곁에 앉으세요.
(헬링거는 두 사람을 오래 관찰한다.)
H (그룹에게) 우리가 이 두 분을 보게 되면 두 분 중 누가 잘 지내고 있는지, 누가 잘못 지내고 있는지 알 수 있지 않습니까? (부부에게) 아무 말씀하지 마십시오. 당신들의 눈초리를 예민하게 하기 위해서입니다.
(조금 후에) 눈을 감으세요.
(남자와 여자는 눈을 감는다.)
H (잠시 후 여자에게) 남편을 보고 말씀하세요. "저는 떠납니다."
여자 저는 떠납니다. (그녀는 그를 보지 않는다.)
H 그를 바라보세요.
(둘은 서로 바라본다. 여자는 웃으며 고개를 돌린다. 그러고 나서 둘은 오랫동안 진지하게 서로 바라본다.)
H 자, 남편에게 질문을 하겠습니다. 그녀를 잘 보시고 당신 내부에서 잘 느껴 보세요. 무엇이 그녀를 강하게 합니까? 무엇이

그녀를 약하게 합니까? 그녀가 떠나면 혹은 그녀가 머문다면 어떻습니까? 굳이 말할 필요는 없습니다. 영혼의 측면에서 탐사해 보세요.

(시간이 지난 뒤 남자에게) 부인에게 말씀하세요. "저는 당신을 사랑으로 떠나보냅니다."

남자 저는 당신을 사랑으로 떠나보냅니다.
H 진지하게 말씀하면서 그녀를 바라보세요.
남자 저는 당신을 사랑으로 떠나보냅니다.

(둘은 오랫동안 서로 바라본다.)

H 이제 당신들은 시험할 수 있습니다. 무엇이 그를 커지게 합니까? 무엇이 그를 작아지게 하나요? 그가 "나는 당신을 떠나보냅니다." 할 때입니까? 혹은 "여보 우리 같이 살아요." 할 때입니까? 어떤 경우에 그는 자신의 운명을 따르게 되는 것입니까? 언제 그녀는 자신의 운명을 따르게 되는 것입니까? 당신들은 아무 말 하지 않으셔도 됩니다. 저는 단지 질문할 뿐입니다. 그리하여 실제로 어떤 결정을 하든 당신들의 영혼은 명확하게 될 것입니다.

남자 예.
H 모든 것이 잘되기를 바랍니다.

(그룹에게) 제가 작년에 사랑에 관해 얘기한 것이 생각납니다. 그 문장은 아주 의미가 깊습니다. 남자와 여자는 서로 바라보며 말합니다. "나는 당신을 사랑합니다." 그리고 나서 그 둘은 계속 서로 바라보며 말합니다. "나는 당신과 우리를 이끄는 것

을 사랑합니다." 이는 전자의 경우와 다른 차원입니다. 이후 두 사람 사이에 어떤 일이 일어나도 이 사랑은 결코 상처받지 않습니다. 저는 여기에 경의를 표했습니다. 저는 이런 경의를 가지고 일합니다. 그들의 비밀은 완전히 보장됩니다. 외부에서 영혼 쪽으로 아무런 침범이 없습니다. 단지 보여지는 영혼의 움직임과 같이 갑니다. 정신을 차리고 있으면 그렇게 됩니다. 그리하여 이분들에게는 모든 것이 가능합니다.

(둘은 서로를 보며 웃는다.)

H   두 분은 우리에게 방금 아름답게 보여 주었습니다.

| 두 번째 부부 |

존경

H   (두 사람이 자진해 나온다.) 당신들이 제게 오다니요. 알 수 없는데요.

남자   여기에서 가족세우기를 위해 부부가 필요하다길래 나왔습니다.
(여자는 웃는다.)

H   (두 사람에게) 아닙니다. 당신들은 가족세우기를 할 필요가 없습니다. 당신들은 잘 살고 계십니다. 금방 알 수가 있습니다.
(그룹에게) 남녀관계에서 스스로 풀 수 있고 풀어야 되는 것들은 남에게 이야기하지 않는 것이 중요합니다. 제가 지금 이분들과 가족세우기를 한다면 그것이 이분들에게 좋게 작용하겠습니까? 잘 생각해 보십시오.
(두 사람에게) 저는 당신들을 아주 존경합니다. 됐습니다.
(조금 머뭇거리다 그들은 제자리로 돌아간다.)

부부치료에서의 주의

H   (그룹에게) 저는 부부를 매우 존경합니다. 그리고 만약 그들을 위해 부부치료를 한다면 제가 그 둘 사이를 침범하게 되기에 기본적으로 저는 부부치료를 하지 않습니다. 부부가 치료사에게 부부 문제를 이야기하면 자주 삼각관계로 발전합니다. 이는 아주 위험합니다.

저는 다음과 같이 합니다. 전화로 문제를 듣습니다. 그들을 만나지도 않습니다. 남자가 저에게 전화를 하면 저는 남자에게 무슨 말을 합니다. 제가 한 말을 남자는 여자에게 해서는 안 됩니다. 그리고 나서 여자가 저에게 전화를 하면 저는 여자에게 무슨 말을 합니다. 남자에게 한 말과 전혀 다른 말을 합니다. 여자도 남자에게 제가 한 말을 해서는 안 됩니다. 그리고 저는 전혀 상관하지 않습니다. 두 분은 오리엔테이션을 가지게 됐습니다. 그리고 두 분은 그들의 문제를 풉니다. 그러기에 저는 여기에서도 아주 조심스럽게 일합니다.

| 세 번째 부부 |

이제 나는 머문다

H   자, 다음 분.
       (그룹에게) 이분들은 아주 다릅니다. 심각합니다. 아주 심각합니다. 금방 볼 수 있습니다.
       (조금 후에 두 사람에게) 저는 당신들을 위해 최선을 다하겠습니다. 두 분이 만나기 전에 다른 인연이 있었습니까?
여자   없었습니다.
남자   있었습니다.
H   결혼을 했었습니까? 아니면 약혼했었습니까?
남자   아닙니다. 그때 저는 어렸습니다. 어른이 아니었습니다.
H   아이들이 있었습니까?
남자   없었습니다.
H   지금 결혼한 지 얼마나 되었습니까?
남자   19년 되었습니다.
H   자녀가 있습니까?
여자   예, 둘입니다.

H	나이는?
여자	14살과 11살입니다.
H	(여자에게) 당신 부모 형제로부터 시작합시다. 무슨 일이 있었습니까?
여자	제가 8살 때 아버님이 돌아가셨으며 남동생은 5살 때 죽었습니다.
H	충분합니다.

(그룹에게) 두 사람으로 시작합시다. 당신과 당신 아버님의 가족세우기를…

제가 어떻게 가족세우기를 하는지 설명하고 싶습니다. 저는 질문을 합니다. '무슨 일이 있었습니까?' 하고 명확하게 질문합니다. 그리고 사건에 대해 질문합니다. 사람에 관해서는 질문하지 않습니다. 일어난 사건에 따라 인간은 성장합니다. 저는 주의 깊게 듣습니다. 그리고 힘이 있는가 없는가를 느낍니다. 그녀가 8살 때 아버님이 돌아가셨다는 것은 아주 의미가 있습니다. 거기에 힘이 있습니다. 그래서 우선 거기서부터 시작합니다.

(두 사람에게) 자녀들은 아들입니까? 딸입니까?

여자	둘 다 아들입니다.

(헬링거는 아버지의 대역을 그녀 앞에 세운다.) [그림 1]
(아버지가 딸을 바라보지 않자 헬링거는 그가 바라보는 곳에 다른 한 여자를 세운다.)

| H | (그룹에게) 아버지가 딸을 바라보지 않는 것을 볼 수 있습니다. 그는 다른 사람을 봅니다. 그러나 자세히 보려고 하지도 않 |

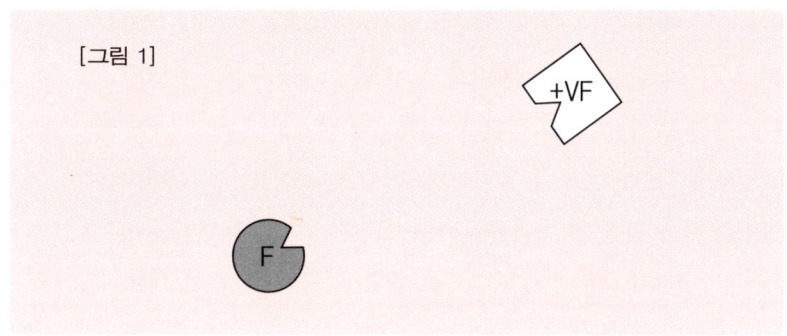

F   여자   +VF   그녀가 8살 때 죽은 아버지

        습니다. 죽은 사람을 볼 수도 있습니다.
        (여자에게) 누구를 바라보는지 아십니까?

여자   모릅니다.

(아버지는 이 여자도 바라보려고 하지 않는다. 단지 바닥만 보고 있다. 그러자 헬링거는 그 여자를 그의 앞에 눕게 한다.) [그림 2]

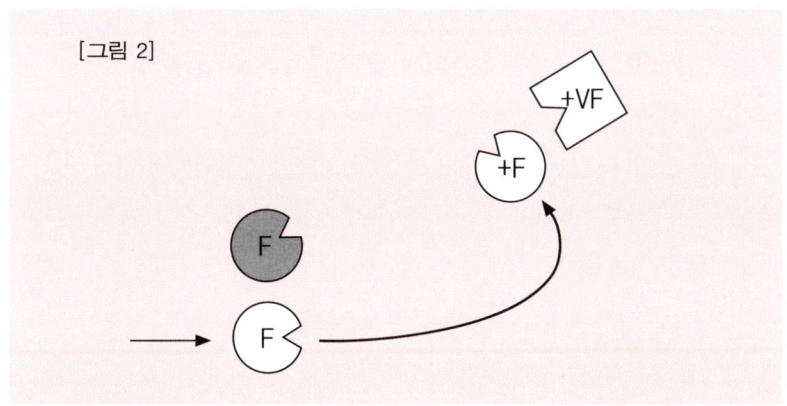

+F   누구를 대신하는지 모르는 죽은 여자

여자 아버지는 아마도 죽은 남동생을 바라보시는 것 같습니다.
H 아닙니다. 다른 중요한 것이 있습니다.
(아버지는 바닥에 누워 있는 여자를 바라본다. 죽은 여자는 팔짱을 끼고 얼굴을 아버지로부터 돌린다. 아버지는 고개를 숙이더니 천천히 죽은 여자 앞에 무릎을 꿇는다. 헬링거는 또 하나의 남자 대역을 고른다.)
H (남자 대역에게) 여자 곁에 누워 여자분을 바라보세요. [그림 3]

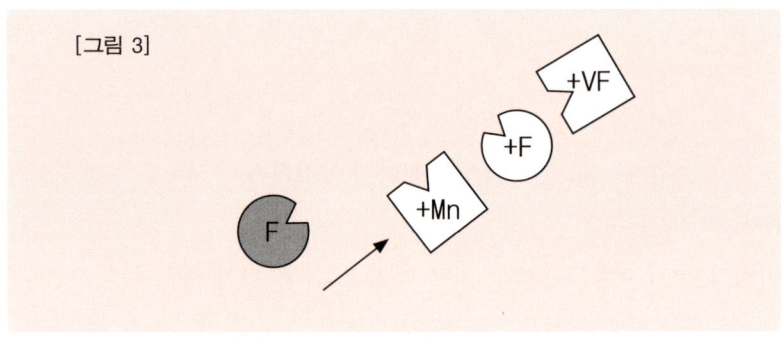

+Mn 누구를 대신하는지 모르는 죽은 남자

(죽은 여자는 죽은 남자에게 가까이 움직인다. 서로 팔을 포갠다.)
H (아버지에게) 일어나세요.
(아버지는 일어나서 딸 앞에 선다. 둘은 진정으로 껴안는다.) [그림 4]
(헬링거는 남자를 여자와 아버지 곁에 세우고 아이 둘의 대역을 부모 앞에 세운다.) [그림 5]
H (두 사람에게) 우선 두 분은 서로를 바라보세요.
(둘은 서로를 바라본다.) [그림 6]

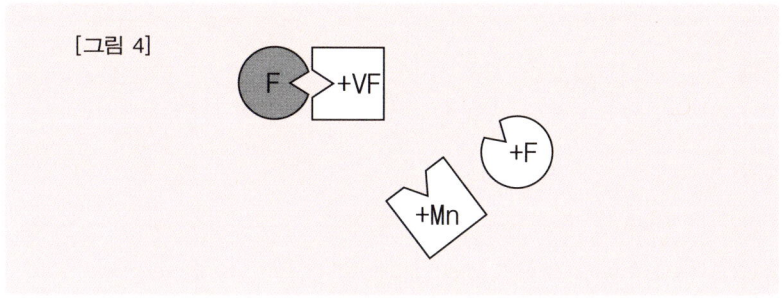

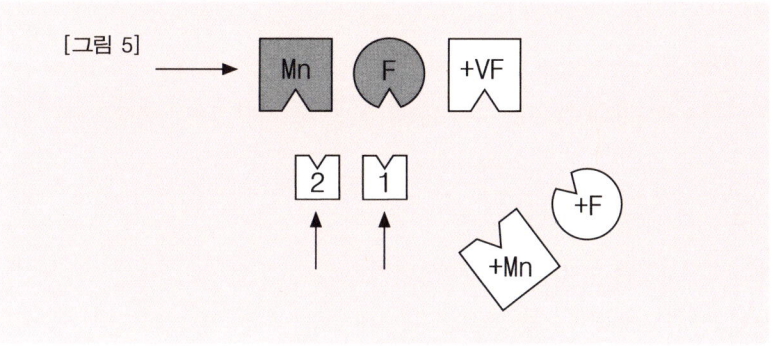

Mn 남자   1 첫째 아이, 아들
          2 둘째 아이, 아들

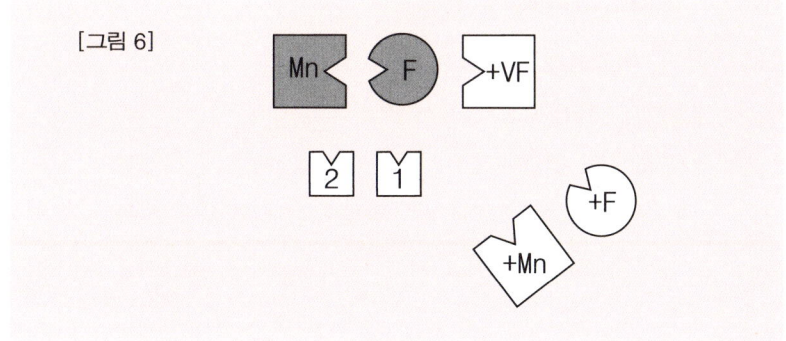

H	(여자에게) 남편에게 말씀하세요. "이제 저는 머뭅니다."
여자	이제 저는 머뭅니다.
H	눈을 맞추고 말씀하세요.
여자	이제 저는 머뭅니다.
H	"이제 당신은 저를 믿어도 됩니다."
여자	이제 당신은 저를 믿어도 됩니다.
H	천천히 말씀하세요.
여자	이제 당신은 저를 믿어도 됩니다.

(둘은 오랫동안 껴안고 있다. 아버지는 천천히 물러난다.)

H	(여자에게) 이제 아이들을 보고 말씀하세요. "이제 나는 머문다."
여자	이제 나는 머문다.
H	(첫째 아이에게) 어떻습니까?
첫째 아이	어머니가 조금 전에 "나는 머문다." 하실 때 발이 땅에 닿아 있는 것을 느꼈습니다. 아버님께 말씀하실 때부터 변화하기 시작했습니다.
H	(둘째 아이에게) 당신은?
둘째 아이	전에는 제게 아버지만 계신 것 같았는데, 두 분이 껴안고 난 뒤에는 제게 부모가 계신 것을 느낍니다.
H	좋습니다. 됐습니다.
	(그룹에게) 제 방법을 설명하겠습니다. 부인으로부터 얻은 첫 인상은 그녀가 가려고 하는 것이었습니다. 죽는다는 의미이지요.

여자	의식적인 것은 아닙니다.
H	그녀가 8살 때 아버지가 돌아가셨다고 했을 때, 저는 그녀가 아버지를 따라 죽으려 하는가를 알아보려고 했습니다. 흔히 일어나는 일입니다.
	(여자에게) 이해하시겠습니까?
여자	예.
H	그렇습니다. (그룹에게) 그래서 아버지와 그녀를 바라보도록 세웠습니다. 그러나 아버지는 그녀를 바라보지 않았습니다. 이것은 그가 다른 사람에 의해 삶으로부터 죽음으로 끌림을 당한 것입니다. 그래서 어떤 사람을 거기에 눕게 했습니다. 누군지 저는 모릅니다. 아마도 아버지의 어머니일지도 모르겠습니다. 부인께서 말씀해 주시겠습니까?
부인	할머니는 아버님이 돌아가신 후 돌아가셨습니다.
H	다른 분은 안 계십니까? 예를 들면 아버지의 외할머니?
부인	예, 아버님의 외할머니입니다.
H	어떻게 돌아가셨습니까?
부인	저는 모릅니다. 제게 이야기해 줄 수 있는 친척은 모두 돌아가셨습니다.
H	몰라도 괜찮습니다. 아버님의 마음이 죽은 자에게 이끌리는 것은 분명합니다. 아버님은 죽음을 동경했습니다. 그러나 그 죽은 여자분은 다른 쪽으로 고개를 돌렸습니다. 즉, 그 여자분은 죽으려고 하였습니다. 그러나 아버님이 당신 대신에 제가 죽겠습니다라고 말씀하셨습니다. 그 여자분이 고개를 돌린 이후

에는 아버님은 그렇게 하실 필요가 없어졌습니다. 그래서 저는 그를 세워서 당신 앞에 세웠습니다. 다시 말씀드리면 당신 아버님은 이 가족세우기를 통해 타인의 운명의 얽힘에서 풀려났습니다.

(부인에게) 이제 당신과 당신 아버님은 서로 볼 수 있습니다. 이제 당신은 당신 아버님을 죽음으로 따를 필요가 없습니다. 당신은 이제 자유롭습니다. 그 후에 당신 남편과 아이들을 세웠습니다. 그러자 아주 좋은 결과를 당신은 체험했습니다. 당신 자녀들도 잘될 것입니다. 됐습니다.

운명에의 얽힘과 개인 양심과 집단 양심

H 얽힘에 관해 말씀드리고 싶습니다. 가족에게는 자살, 중병 그리고 빈번한 사고에 의해 대부분의 문제들이 생깁니다. 이로 인해 다음과 같은 세 종류의 영혼의 움직임이 발생합니다.

"나는 당신의 뒤를 따릅니다"

첫째는 "나는 당신의 뒤를 따릅니다."라고 말하는 것입니다. 다시 말하면 "나는 당신의 뒤를 따라 죽겠습니다."입니다. 부모 중의 한 분이 일찍 돌아가시면 이런 역학관계를 자주 봅니다. 그러면 아이는 "나는 사랑으로 당신의 뒤를 따릅니다."라고 말합니다. 왜 아이는 이러한 말을 할까요? 아이 안에는-어른이 되어도 마찬가지입니다만- 어떤 대가를 치르더라도 부모에게 속하려고 하는 깊은 욕구가 있기 때문입니다. 이 갈망은 양심에서 나옵니다.

우리가 느끼는 이 양심이 우리를 가족과 연결시키고 있는 것입니다. 두 가지의 서로 다른 느낌으로 우리는 양심을 느낍니다. 바로 죄책과 무책입니다. 양심이 편하다는 것은 무책이요, 양심이 편하지 못하다는 것은 죄책을 말합니다.

언제 양심이 불편해할까요? 우리가 가족에로의 귀속감을 위태롭게 할 때 언제나 양심은 불편해합니다. 언제 양심이 편해합니까? 우리가 가족에의 귀속감을 확실히 하기 위해 행동을 할 때입니다. 사람들이 받는 모든 훈장, 다른 사람보다 확실한 귀속감을 가지는 것입니다. 이외의 다른 것이 아닙니다. 훈장 수여식 때의 감격은 편한 양심과 무책 이외의 다른 것이 아닙니다. 양심이 불편해하면 너무나 싫기에 우리의 행동을 바꿔 귀속되기를 허락받고 싶어 합니다.

모든 아이는 아주 깊이 가족과 연결되어 있음을 느낍니다. 가족에 속하기 위해 무엇이든 합니다. 심지어 생명을 희생하기도 합니다. 이런 맥락에서 죽음은 아이에게 나쁜 것이 아닙니다. 또 다른 것과 연결되어 있습니다. 아이는 주술적으로 생각합니다. 자신의 행동으로 (특히 고통을 당함으로써) 다른 사람을 위해 무엇을 할 수 있다는 상상을 합니다. 그러기에 아이들은 부모를 대신해 어려움을 가지면 부모는 좋아질 거라는 상상을 합니다. 예를 들어 "내가 아프면 어머니는 건강해질 거야."라고 생각합니다. 그리하여 아픔을 받아들이고 순진무구해합니다.

이 순진무구함은 아이에게 가장 중요한 느낌입니다.

또 다른 상상과도 연결되어 있습니다. 아이가 어머니의 뒤를 따라 죽으려 하며, 정말로 죽어 가면서 아이는 자신의 죽음이 어머니에게 좋을 것이라고 생각합니다. 죽음에의 이 동경은 깊은 사랑에 기초를 두고 있습니다. 그러기에 대체로 사람들은 어찌할 수 없어 합니다. 이 동경은 아주 강렬합니다. 아이가 이 동경에서 벗어나려면 불편한 양심을 가질 수 있어야 합니다. 그는 자신의 고난으로 다른 사람을 구해 낼 수 있다는 상상을 포기해야 합니다. 이 상상과 이별하기는 아주 어렵습니다. 기독교의 상상들은 이러한 유아적인 상상을 조성하며 강화시킵니다. 기독교의 믿음은 다른 사람을 자신의 희생으로 구할 수 있다는 상상에 근거합니다. 이런 상상의 속박으로부터 벗어나기 위해서는 더 큰 신에게 자신을 맡길 수 있는 힘과 각오가 필요합니다.

이것이 무엇을 뜻하는지 이야기를 통해 설명하겠습니다. 그러면 여러분은 어떤 믿음이 각자에게 요구되는지 알아챌 수 있을 것입니다.

더 큰 믿음

한 남자가 밤에 꿈을 꾸었습니다. 그는 꿈에서 신의 계시를 들었습니다. "일어나서 너의 하나밖에 없는 아들을 내가 인도하는 산으로 데려가 나에게 산 채로 바쳐라."

아침에 일어난 남자는 자신의 하나밖에 없는 아들을 바라보았습니다. 아들의 어머니도 바라보았습니다. 그리고 자신의 신을 바라보았습니다. 그는 아들의 손을 잡고 산으로 데려갔습니다. 제단을 꾸미고 아들을 죽이기 위해 칼을 꺼냈습니다. 이 순간 그는 다른 계시를 들었습니다. 그래서 아들 대신에 양을 잡았습니다.

이때 아들은 아버지를 어떻게 바라봅니까?
아버지는 아들을 어떻게?
부인은 남편을 어떻게?
남편은 부인을 어떻게?
그들은 신을 어떻게 바라봅니까?
신이 있다면, 신은 그들을 어떻게 바라봅니까?

다른 한 남자가 밤에 꿈을 꾸었습니다. 그는 꿈에서 계시를 들었습니다. "일어나서 너의 하나밖에 없는 아들을 내가 인도하는 산으로 데려가라. 거기에서 나에게 아들을 산 채로 바쳐라." 아침에 일어난 남자는 자신의 하나밖에 없는 아들을 바라보았습니다. 부인도 바라보았습니다. 그리고 자신의 신을 바라보았습니다. 신의 얼굴을 보고 "저는 하지 않겠습니다."라고 말했습니다.

이때, 아들은 아버지를 어떻게 바라봅니까?
아버지는 아들을 어떻게?

부인은 남편을 어떻게?
남편은 부인을 어떻게?
그들은 신을 어떻게 바라봅니까?
신이 있다면, 신은 그들을 어떻게 바라봅니까?

이 이야기는 양심의 굴레에서 참으로 더 큰 것에로의 이행을 보여 줍니다. 그러기 위해 무엇이 요구되는지 우리는 감지할 수 있었습니다.

이제 저는 가족으로부터 내려오는 얽힘의 기본 역학관계를 더 설명하겠습니다. "나도 당신의 뒤를 따르겠습니다."에 대해서 우선 말씀드렸습니다. 이 문장은 양심의 움직임에서 옵니다. 이 움직임은 순진무구한 느낌과 자신의 죽음으로 다른 사람과 결합된다는 주술적인 상상으로 강화됩니다. 그래서 다른 사람이 기뻐하고 자신의 죽음이나 질병으로 다른 사람을 구할 수 있다는 상상을 하게 됩니다.

"당신보다 차라리 내가…"

두 번째는 "당신을 대신해서 제가 하겠습니다."라고 속으로 말하는 것입니다. 우리는 방금 가족세우기에서 볼 수 있었습니다. 아버지는 다른 사람을 뒤따르려는 동경을 느꼈습니다. 그러자 그의 딸이 속으로 "당신을 대신해 제가 하겠습니다."라고 말했습니다. 가정에서 아이는 자주 다른 사람을 위해 어떤 것을 대신 짊어질 수 있고 짊어져도 좋다고 생각합니다. 이때 아이는 언제나 병이나 죽음을 짊어집니다. 행복할 때에 사람들은 "제가 당신을 대신해서 하겠습니다."라고 하지 않습니다. 나쁜 것일 때에만 그러합니다. 이것이 두 번째의 역학관계입니다.

집단적 무의식의 양심

또 아주 중요한 것이 있습니다. 우리가 느끼는 양심뿐만 아니라 무의식의 양심이 있습니다. 우리는 집단적 무의식의 양심을 지키지 않을 때 나타난 효과를 보고서 양심의 질서를 알 수 있습니다. 여기에서 중요한 점은 무의식의 양심이 집단 양심이라는 것입니다. 즉, 여러 사람이 동시에 이 양심에 의해 조정된다는 것입니다. 이 양심에 의해 야기되는 얽힘이 있습니다. 이 얽힘은 이 그룹 내에서만 작용합니다. 이 양심은 무엇보다도 가족 내에서 두 개의 질서를 관철합니다.

첫째, 이 양심은 그룹의 누군가가 제외되는 것을 허용하지 않습니다. 한 그룹에 속한다면 누구나 같은 귀속의 권리를 가집니다. 그래서 어떤 사람이 도덕적인 이유 -사산된 아이는 잊히기도 합니다- 등으로 제외된다면, 나중에 이 가족의 다른 구성원이 집단 양심의 압박에 의해 자신도 의식하지 못한 채 제외된 자를 대신하게 됩니다. 그리하여 그는 제외된 자와 같이 느끼고 행동합니다. 제외된 자와 같이 죽기도 합니다.

제 책 『삶의 얽힘에 관한 Bert Hellinger와의 대화』에서 저는 이 양심의 작용 방법에 관해 아주 인상 깊은 예를 들었습니다.

한 가족에서 수세대를 걸쳐 27세의 남자들이 12월 31일에 집단 양심의 강요에 의해 자살했습니다. 모두가 자신도 모르게 27세 때 12월 31일 살해된 자를 대신했습니다. 이 무의식적인 집단 양심은 그렇게 강하게 작용합니다.

둘째는, 먼저 된 자는 크고, 나중 된 자는 작다는 것입니다. 작은 사람 즉, 나중에 태어난 자는 먼저 태어난 자의 일에 관여해서는 안 됩니다. 그래서 아이가 아버지에게 "당신을 대신해서 제가 하겠습니다."라고 말하게 되면 그는 아버지의 운명에 간섭하게 됩니다. 무의식적이고 집단적인 양심은 이 간섭을 실패와 몰락으로 이끕니다. 그리하여 이런 노력은 언제나 헛됩니다.

이제 이 가족을 위해 말씀드리고 싶습니다. 저절로 아들들은 어머니가 가시려는 것을 알아챘습니다. 그래서 그 중에 한 아이가 틀림없이 속으로 말했습니다.

"어머니, 제가 당신을 대신해서 가겠습니다."

(그 부부에게) 그래서 당신의 자녀들을 위해서 제가 그들을 세웠던 것입니다.

자신의 죄와 타인을 대신하는 속죄

여기에서 우리는 또한 다음과 같은 경우를 보아야만 합니다. 예를 들면 한 가족에서 부모가 죄를 지었을 경우에 종종 한 자녀가 "당신들을 대신해서 제가 속죄합니다."라며 자신이 범죄의 책임을 지게 되고 실제의 죄인은 자유롭습니다. 그들은 자신들의 죄를 이상하게 느끼지도 않습니다. 가족세우기에서는 이 대신하는 죄인들을 희생자 앞에 세움으로써 풀 수 있습니다.

얼마 전 한 남자가 테러 조직의 일원이었기에 감옥살이를 했다고 그룹에서 말했습니다. 그는 RAF赤軍派(서독의 극좌파 무장단체)의 일원이었습니다만 암살에는 직접 참가하지 않았습니다. 그래서 저는 그로 하여금 RAF에 의해 살해된 모든 희생자들을 상상하게 하면서 그들 앞에 자신을 세우고 그들을 바라보게 했습니다. 그는 그렇게 해 본 적이 없었습니다. 그러나 그의 자녀가 그를 대신해서 그렇게 한 것은 분명합니다. 이 연습이 그를 정신 차리게 하였으며 그는 감사해했습니다.

더 한 가지 말씀드리겠습니다. 죽음에의 동경이나 중병에 걸림 또는 빈번한 사고는 가끔 자신의 죄를 속죄하고 싶은 욕구와 관련된다는 것입니다.

개인적인 양심과 보상, 속죄의 욕구

여기에서 우리가 느끼는 개인적인 양심에 관해 더 말씀드리고 싶습니다. 귀속의 욕구 외에 다른 욕구 즉, 보상의 욕구도 이 양심이 관할합니다. 누가 선물을 하면 저는 부채로 느낍니다. 그러면 저는 그에게 좋은 일을 함으로써 그 부채를 갚으려는 욕구를 가집니다. 대등한 것을 되돌려주고, 저는 부채 없음과 자유로움을 느낍니다. 아주 좋은 일입니다.

이제 살인이나 자동차 사고로 인해 다른 사람을 죽인 경우를 생각해 봅시다. 그도 또한 보상의 욕구를 느낍니다. 그러면 많은 사람들은 무엇을 합니까? 그들은 고난을 자초합니다. 병들거나 자살하기도 합니다. 그러면서 이제 보상되었으니 죄도 없어졌다고 생각합니다. 죄는 없어졌습니까? 아닙니다. 결코 아닙니다.

여기에서도 "이제는 당신의 뒤를 따르겠습니다."와 똑같은 역학 관계를 볼 수 있습니다. "저는 당신의 뒤를 따르겠습니다."라는 느낌을 갖는 아이나 자신의 죄를 속죄하려는 사람은 상대의 눈을 바라보지 않습니다. 어떤 사람이 살인을 한 후 피해자의 눈을 바라보며 "속죄하기 위해 저도 죽겠습니다."라고 말한다고 합시다. 그러면 이 피해자는 어떠하겠습니까? 기분이 좋겠습니까? 나쁘겠습니까? 한 사람이 죽었기에 다른 또 한 사람도 죽어야 합니까?

여기에서는 전혀 다른 것이 요구됩니다. 풀림은 그가 피해자와 눈을 마주 보고 "제가 가해자입니다. 이제 제 마음이 아픕니다. 다시 좋게 되돌릴 수 없다는 것을 저는 압니다. 그러기에 당신을 다시 살리지 못한다는 것에 수반되는 죄와 책임을 제가 집니다."라고 말하는 데 있을 것입니다. 이 순간 그에게 무엇이 일어납니까? 그는 힘을 얻습니다. 죄 없는 사람은 힘이 없습니다. 죄를 자기 것으로 받아들이는 죄인만이 힘을 얻습니다. 무슨 힘입니까? 다른 사람이 할 수 없는 특별히 좋은 것을 할 수 있는 힘입니다. 그들은 다른 약한 사람들을 위해 대신 짐을 질 수 있습니다. 그들이 피해자에게 "내 죄로 인한 당신을 온 힘으로 기억하며 저는 어떤 큰 것을 합니다."라고 말함으로 피해자는 그와 화해합니다. 자신의 피해가 다른 사람에게 좋은 일이 되고 결국에는 생명에 봉사하게 되었기 때문입니다.

| 네 번째 부부 |

저항과 풀림

H   어느 분 차례입니까? 당신 둘입니까? (부인이 고개를 끄덕인다.) 남편도 함께요? 좋습니다.

(헬링거는 오랫동안 두 사람을 바라본다. 부인은 초조해하며 떨기 시작한다.)

H   (그룹에게) 떨림이 보입니까? 부부관계와 상관이 있을까요? 아닙니다. 이것은 하나의 얽힘입니다.

         (부인에게) 잠시 동안 그대로 있으세요.

(부인은 울기 시작한다. 헬링거는 그녀를 한 팔로 안는다. 그녀는 더 세게 흐느껴 운다.)

H   (부인에게) 소리 내지 말고 깊이 숨을 쉬세요. 천천히, 천천히 숨을 쉬세요. 소리 내지 말고 숨을 쉬세요. 두 손으로 저를 껴안으세요.

(그녀는 한 팔로 헬링거를 껴안는다. 둘은 오랫동안 껴안고 있다. 헬링거는 그녀를 풀어 놓는다.)

H   (부인에게) 저를 보세요. 당신이 어렸을 때 어떤 일이 있었습니까?

(부인은 말을 하려고 시도한다.)

H   됐습니다. 문제가 될 만한 것은 다 잊어버리고 당신의 영혼과 관계를 맺고 있으세요.

      (조금 후 그룹에게) 어떤 사람이 자신의 문제를 이야기하기 시작하면 언제나 똑같은 이야기를 반복하는 것을 관찰할 수 있습니다. 계속 반복함으로써 그는 이 문제를 갖고 삽니다. 반복되는 말은 아무런 소용이 없기에 저는 전혀 듣지 않습니다. 이것을 중단시키기 위해 첫째로 저는 말을 못하게 합니다. 둘째로 중요한 것은 세 문장으로 말하게 합니다. 느낌을 이야기하면 이는 본질적인 것이 아닙니다. 다른 사람이 어떤 행동을 했다든지 하는 이야기도 중요한 게 아닙니다. 중요한 것은 무엇이 일어났는가, 어떤 사건이 발생했는가입니다.

      (부인에게) 세 문장입니다. 잘 생각해 보세요. 충분한 시간이 있습니다.

(부인은 그를 이해하지 못한 것 같다.)

H   (그룹에게) 제가 말한 것을 이해하지 못했다고 그녀는 말합니다. 아닙니다. 그녀는 이해했습니다. 그러나 그녀는 순진무구한 상태에 머물러 있으려고 합니다. 발생했던 것을 이제 정말로 풀게 되면 그녀는 더 이상 순진무구하지 않게 됩니다. 더 나아가 또 다른 것도 잃게 됩니다. 권력도 잃습니다. 그녀는 마음의 준비가 되어 있지 않습니다.

(조금 후에) 여기서 중단해야겠습니다.
(부인이 무슨 말을 하려고 하자 헬링거는 고개를 흔든다.)

H　　(그룹에게) 자신의 죄를 부인하면 이러한 행동을 보입니다.
(그녀는 눈을 뜨고 헬링거를 바라본다.)

H　　눈을 감으세요.
(그녀는 다시 눈을 감는다.)

명상 생명을 받아들임

H　　(오랜 침묵 후 그룹에게) 같이 명상을 합시다.
　　　한 아이가 부모님 앞에 섭니다. 무릎을 꿇고 올려다보며 손을 벌리고 말합니다.
　　　"고맙습니다." 그러면서 부모님뿐만 아니라 부모님 뒤의 부모님의 부모님, 그 뒤 부모님의 부모님, 그 뒤 부모님의 부모님, 이렇게 셀 수 없는 조상들까지 갑니다. 그분들을 통하여 생명이 순수하고 온전하게 흐릅니다. 그 생명에 무엇을 더하거나 뺄 수도 없이, 그분들은 모두 생명을 받아들였고 넘겨주었습니다. 각자가 어떠했는가는 아무런 상관이 없습니다. 생명을 받아들이고 넘겨주는 데 있어서, 그분들 모두는 온전하고 좋았습니다. 그분들이 어떠하였던 간에 생명을 넘겨줌에도 아무런 영향을 미치지 못하였습니다. 본질적인 것은 모두에게 같았습니다.
　　　이렇게 아이는 부모님을 바라봅니다. 손을 벌리고 먼 조상들을 통해서 부모님에게로, 부모님으로부터 자신에게 온 생명을 온전하게 받아들입니다. 그리고 그분들에게 말합니다. "예."

조상들의 저 뒤에는 감춰진 것, 즉 모든 생명이 발생한 근원이 작용합니다. 이제 이 아이는 부모님께, 할머니, 할아버님께, 증조부모님께, 전 조상들께 그리고 마침내는 생명의 근원에 큰절을 하고 있습니다. 이 아이 곁에 다른 아이가 서 있다가 부모님께 무릎을 꿇었습니다. 손을 벌리고 큰절을 합니다. 그리고 "예."라고 합니다. 그 곁에 한 아이도 또 그 곁의 한 아이도 똑같이 합니다. 그 아이들은 여러 나라에서 왔으며 문화도 다르고 인종도 다르고 종교도 다릅니다만 모두 똑같이 "예." 합니다. 이렇게 그 아이들은 부모님들 앞에서는 작습니다만 모든 인간과 같습니다. 무엇보다도 그들 모두는 생명의 근원 앞에 작고 대등합니다.

저는 상상합니다. 예수도 부모님 앞에 무릎을 꿇고 두 손을 벌리고 "예." 합니다. 출생 때 어머니를 잃은 부처도 부모님 앞에 무릎을 꿇고 두 손을 벌려 모든 조상들을 바라보고 조상과 생명의 근원에 큰절을 하면서 "예." 합니다. 모하메드도 부처와 똑같이 합니다. 부모님 앞에서는 그들도 우리와 똑같이 작고 모든 인간과 대등합니다. 그러고 나서 아이는 일어서서 등을 부모님께 기대고 자녀들을, 손자 손녀들을, 증손자, 증손녀들 그리고 앞으로 올 많은 자손들을 바라봅니다. 그리고 생명을 받아들이고는 또 넘겨준 모든 이들과 하나 됨을 느낍니다. 자녀가 없는 사람도 생명을 받아들이고 그 생명을 각자의 방법대로 넘겨줍니다. 그분들은 독특한 방법으로 생명에 봉사합니다. 이리하여 모든 작은 사람은 위대합니다. 그런데 그 곁에 다른 아이가 서서 부모님을 바라보고 말합니다. "당신들은 저에게 맞지 않습니다. 당신들은 모든 것을 잘못하였습니다. 당신들은 저에게 많은 빚이 있습니다." 무엇이 일어납니까? 어찌할 수 없는 아이입니다. 부모님을 거절하는 사람을 누가 사랑하겠습니까? 그리고 이 아이는 누구를 사랑할 수 있습니까?

저항과 풀림(연속)

H	(점심 식사 후 전 시간의 부부에게) 제게 다시 오십시오. (부인에게) 그동안에 어떠하셨습니까?
부인	그저 그렇습니다.
H	(남편에게) 당신은요?
남편	그저 그렇습니다.
H	제가 도울 것이 있습니까?
부인	예.
H	무엇입니까?
부인	저는 "제"가 되고 싶습니다.
H	당신이 "당신이" 되시면 당신은 어떻게 됩니까? 당신은 풍부해집니까? 가난해집니까?
부인	이것도 저것도 아닙니다.
H	안 되겠습니다. 당신은 본질적인 것을 느끼는 것은 말할 것도 없고 듣지도 못하십니다. (그룹에게) 여러분 시험해 보십시오. 여러분이 정말로 "자신이" 된다면 여러분은 풍부해집니까? 가난해집니까? 가난해집니다. 그리고 외롭고 약해집니다. 그리고 다른 사람들이 여러분을 피

합니다. 사람들은 이것을 자기실현이라고 합니다. 정확히 말하자면 이것은 나의 실현입니다. 이것은 다른 사람과 우리를 분리합니다. 부모를 자녀로부터 자녀를 부모로부터 더 나아가 부부를 분리시킵니다.

(부부에게) 저는 당신들을 더 기다려야 될 것 같습니다.

하나 됨으로 돕기

H (그룹에게) 사람들이 심리치료사에게 찾아와서 말합니다. "당신만이 저를 도울 수 있습니다." 이 순간 무엇이 일어납니까? 그들은 자신들의 영혼과 절연된 상태가 됩니다. 그들은 문제 해결을 외부에서 찾습니다. 다른 사람으로부터 많은 것을 경험하지도 못합니다. "저는 당신으로부터 무엇을 얻겠습니다."라고 말하는 사람과, 큰 것과 하나가 된 사람 중, 더 큰 것과 연결되어 있는 사람과 관련을 맺을 때는 아주 큰 차이가 있습니다. 찾는 사람이나 도움을 주려는 사람 모두가 더 큰 것과 하나가 됨으로써 치료가 이루어질 수 있습니다.

그래서 결과는 내가 찾고 요구한 사람에게 달려 있지 않습니다. 우리가 이해할 수 없는 힘으로부터 해결이라는 선물이 주어집니다. 내담자가 더 큰 것과 하나가 될 첫걸음을 뗄 준비를 하고, 제가 더 큰 것과 하나가 되는 상태를 그가 허락할 때 비로소 도울 수 있습니다.

저항과 풀림
(이틀 후 – 연속)

H	자, 계속합시다. 어느 분이 더 필요하시죠? (첫날에 시작한 부부에게) 당신들의 일을 저는 잊었습니다. 무슨 일이었습니까?
부인	저희들 문제는 다뤄 보지도 못했습니다.
H	무슨 문제였죠?
부인	부부문제였습니다.
H	(부인에게) 당신께 무슨 말씀을 드렸는데, 제가 무엇이라고 했습니까?
부인	지금은 저와 같이 일할 수 없다고 말했습니다.
H	왜요?
남편	부부문제와 관련 없는 얽힘이 있다고 말했습니다.
H	당신은 고집이 아주 셌죠?
부인	저는 거만했습니다. 당신은 제가 크고 싶냐고 혹은 작고 싶냐고 질문을 하셨습니다. 그때 저는 이것도 저것도 아니라고 대답했습니다. 오늘은 이 말씀을 드리고 싶습니다. "저는 작고 싶습니다."

H	누구보다 작아지고 싶은가요?
부인	부모님과 할아버지, 할머니보다…
H	남편은 이제 어떠하십니까?
남편	저는 감동했습니다.
H	좋습니다. 시작합시다.
	(남편에게) 부부관계에 관해 특별히 하실 말씀이 있습니까?
남편	자녀 교육이 저희들을 아주 힘들게 합니다.

자녀 교육과 양심

H 우선 자녀 교육에 관해 말씀드리고 싶습니다. 자녀 교육은 양심과 관련이 있습니다. 부인은 어떤 것이 적용되는 특별한 가정에서 자랐습니다. 남편도 다른 어떤 것이 적용되는 가정에서 자랐습니다. 그래서 결혼은 상대뿐만 아니라 항상 상대 가족과도 하게 되는 것입니다.

남녀는 생각이나 느낌에서 완전히 다릅니다. 남자와 여자는 다르지만 인간인 점에서 똑같이 대등하며 좋습니다. 여자의 가정도 남자의 가정과 같이 완전히 다릅니다. 그런데 일반적으로 여자는 그녀의 가정이 남자의 가정보다 더 좋다고 생각하고, 남자도 마찬가지로 그의 가정이 더 좋다고 생각합니다. 자녀를 낳고 가정교육을 하는 데 있어서 남녀는 각각 자신의 부모로부터 받은 가정교육을 관철하려고 합니다.

이때에 여자가 자신이 받은 가정교육뿐만 아니라 남자가 받은 가정교육도 좋게 여기게 되면 그녀는 양심에 거리낌을 받습니다. 그녀는 친정의 규범에서 일탈하게 됩니다. 남자도 마찬가지입니다. 가정교육 문제로 부모가 다툰다면 자녀들은 어떤 영향을 받습니까? 어머니를 따르게 되면 아버지에 대해 양심의 거리낌을 받고, 아버지를 따르게 되면 어머니에 대해 양심의 거리낌을 받습니다. 자녀들이 불쌍합니다. 해결책은 무엇입니까?

H	(부인에게) 남편을 보시고 말씀하세요. "저는 당신 그대로를 사랑합니다."
부인	저는 당신 그대로를 사랑합니다.
H	"그리고 당신 가족 그대로를 사랑합니다." (부인이 다른 곳을 보려고 하자) 남편을 보고 말씀하세요.
부인	그리고 당신 가족 그대로를 사랑합니다.
H	(남편에게) 똑같이 말씀하세요. "저는 당신 그대로를 사랑합니다."
남편	저는 당신 그대로를 사랑합니다.
H	"그리고 당신 가족 그대로를 사랑합니다."
남편	그리고 당신 가족 그대로를 사랑합니다.

(둘은 서로 바라본다. 남편은 웃는다.)

H	(부부에게) 이제 우리가 상대방의 가족을 존경하고 사랑하게 되면 이 사랑은 깊어집니다. (부인에게) 자녀가 몇 있습니까?
부인	둘입니다.

H	자녀들이 앞에 있다고 상상하세요.
	(부인에게) 말씀하세요. "너희들 안에 있는 너희 아버지를 나는 사랑한다."
부인	너희들 안에 있는 너희 아버지를 나는 사랑한다.
H	"있는 그대로를."
부인	있는 그대로를.
H	"그리고 너희들 안에 있는 너희 아버지의 가족 그대로를 나는 사랑한다."
부인	그리고 너희들 안에 있는 너희 아버지의 가족 그대로를 나는 사랑한다.
H	"그리고 너희들이 너희 아버지와 같이 되면 나는 참으로 기쁘다."
부인	그리고 너희들이 너희 아버지와 같이 되면 나는 참으로 기쁘다.
H	(남편에게) 똑같이 말씀하세요. "너희들 안에 있는 너희 어머니 그대로를 나는 사랑한다."
남편	너희들 안에 있는 너희 어머니 그대로를 나는 사랑한다.
H	"그리고 너희들이 너희 어머니와 같이 되면 나는 참으로 기쁘다."
남편	그리고 너희들이 너희 어머니와 같이 되면 나는 참으로 기쁘다.
H	(부부에게) 이제 서로 바라보세요.

(둘은 바라보고 껴안는다.)

H	아이들은 이제 좋아집니다.
	(부인에게) 당신의 가족을 이제 세웁시다.

(헬링거는 부인의 부모와 할머니, 할아버지를 부인의 뒤에 세운다.) [그림 1]

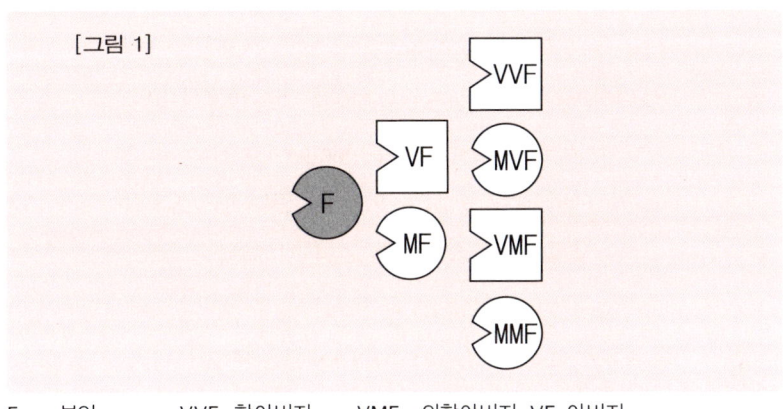

| F | 부인 | VVF | 할아버지 | VMF | 외할아버지 | VF | 아버지 |
| MVF | 할머니 | MMF | 외할머니 | MF | 어머니 |

H (부인에게) 이제 뒤를 돌아보세요.

(부인은 돌아서서 부모와 할머니, 할아버지를 바라보다가 모두를 아주 오래 껴안는다.) [그림 2]

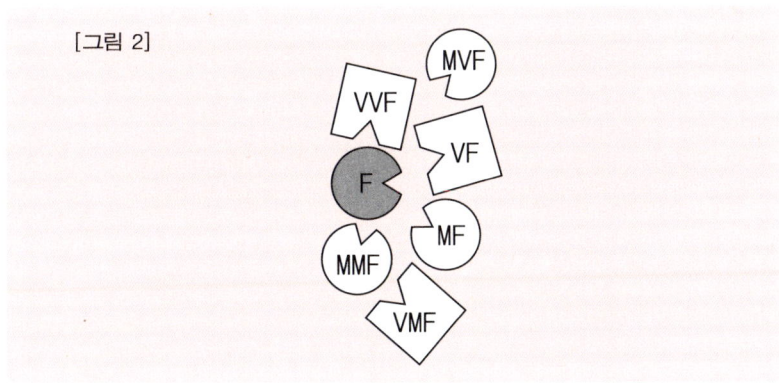

(헬링거는 남편을 부인 앞에 세운다.) [그림 3]

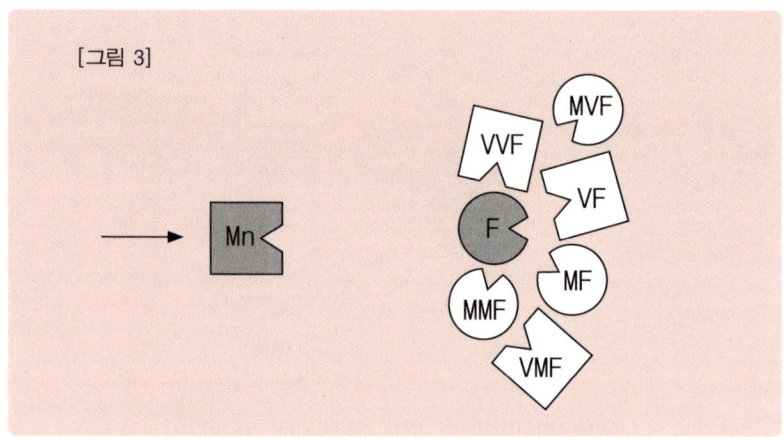

Mn   남편

H   (부인에게) 이제 됐습니다. 돌아서세요.
(부인은 돌려다, 돌지 못하고 다시 그들을 진심으로 껴안는다.)
H   됐습니다. 돌아서세요.
(부인은 이제 돌아서서 남편을 보고 웃으며 진심으로 남편을 껴안는다.)
[그림 4]

[그림 4]

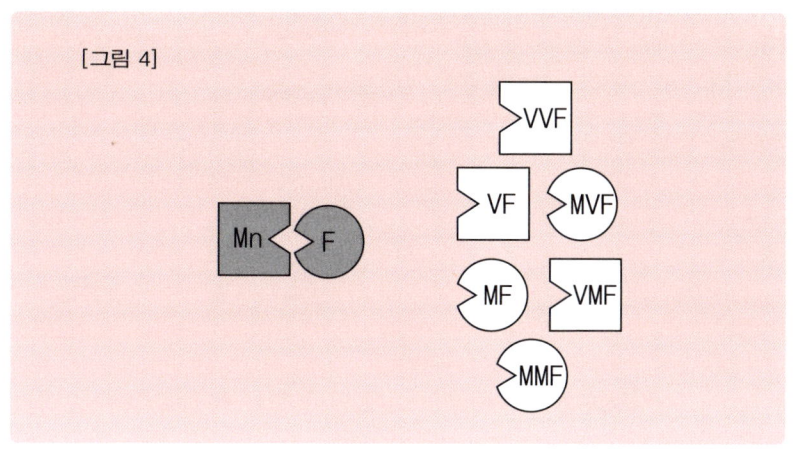

H   됐습니다.

| 다섯 번째 부부 |

자녀를 잃은 슬픔

H   (신경경화증 때문에 휠체어에 앉아 있는 부인에게) 무슨 일입니까?

부인   선생님이 말씀하신 대로 더 큰 것과 하나가 되고 싶으며, 옛날의 제 상태로 돌아가고 싶습니다.

H   옛날의 상태로 돌아가고 싶다는 말씀은 무슨 뜻입니까?

부인   스스로 혼자 걷고 아이들과 같이 있고 싶습니다. 일은 저에게 아무런 흥미가 없습니다.

H   남편과 같이 여기에 오셨습니까?

부인   예, 여기 제 남편입니다.

(남편과 아내는 서로 미소 짓는다.)

H   자녀가 있으십니까?

부인   예.

H   몇 명입니까?

부인   원래는 네 명인데, 한 아이는 죽었습니다.

H   몇 살이었죠?

부인	태어난 지 17일 만에 죽었습니다.
H	어떻게요?
부인	모릅니다.
H	좋습니다.
	(부인에게) 눈을 감으세요. 남자아이였습니까? 여자아이였습니까?
부인	남자아이였습니다.

(헬링거는 죽은 아이의 대역을 선택하여 부인 앞의 바닥에 앉게 한다.)
[그림 1]

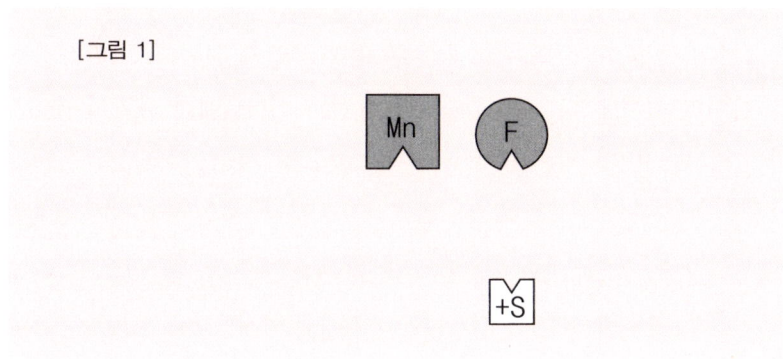

+S   죽은 아이

(죽은 아이는 어머니를 본다. 그러나 어머니는 눈을 감고 있다. 아버지도 죽은 아이를 보지 않는다. 헬링거는 아이를 무릎 꿇게 한다. 아이는 천천히 어머니에게 가면서 어머니를 보기도 하고 바닥을 보기도 한다. 어머니는 아이에게 가서 얼굴과 머리를 쓰다듬는다. 아버지는 둘을 바라보지 않는다. 아이는 팔꿈치를 붙잡으며 땅을 보고 운다.) [그림 2]

[그림 2]

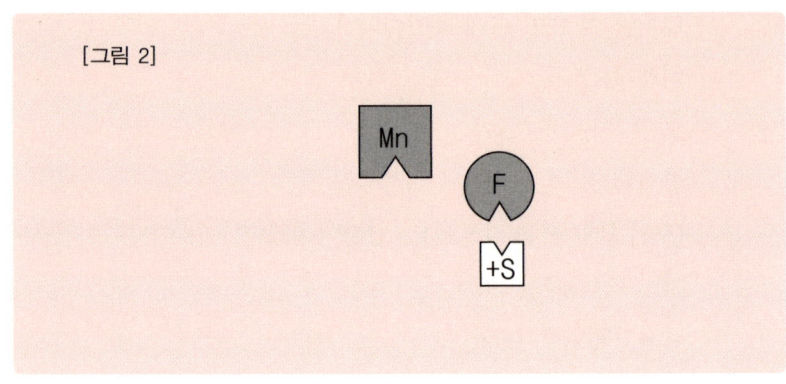

(이제 아버지가 아이에게 가서 곁에 웅크린다. 어머니는 아이를 더 쓰다듬을까 말까 한다. 그러다 그녀는 두 손을 무릎에 놓는다. 아버지는 손을 아이의 어깨에 놓는다. 헬링거는 아이를 어머니에게 가까이 데리고 가서 머리를 어머니의 무릎에 놓는다.) [그림 3]

[그림 3]

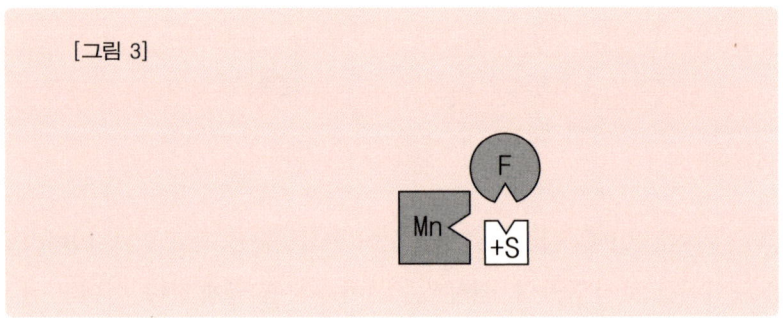

(어머니는 다시 아이의 머리를 근심스럽게 쓰다듬는다. 아버지는 조용히 아이에게 손을 놓고 있다.)

H   (부인에게) 아이에게 말씀하세요. "나는 너에게 가고 싶다." 아이를 바라보세요.

부인   (죽은 아이에게) 나는 너에게 가고 싶다. 그러나 제 느낌에서는 아이를 집으로 데려오고 싶습니다.

H   (부인에게) 아이에게 말씀하세요. "나는 너에게 가고 싶다." 아이를 바라보세요.

부인   (아이에게) 나는 너에게 가고 싶다.

(그녀는 계속 아이의 머리를 쓰다듬는다. 아버지는 그사이 아이에게서 손을 떼고 아이도 바라보지 않는다.)

H   (오랜 시간이 흐른 후) 이 아이를 두고 슬퍼하지 않았습니다. 지금도 슬퍼하지 않습니다. 아이를 보면 압니다. 아이는 부모에게 받아들여지지 않습니다.

(다시 오랜 시간이 흐른 후) 여기서 중단합니다.

아브라함의 품

H   (그룹에게) 아이가 17일째 되는 날 죽으면 부모들은 가끔 책임을 묻습니다. 내가 잘못했을까? 상대가 잘못했을까? 하면서 질문합니다. 이러한 질문을 하게 되면 어떻게 됩니까? 아이의 운명을 어떻게 다르게 할 수도 있다는 상상을 합니다. 이렇게 되면 부부관계도 힘들게 됩니다. 반대로 아이를 바라보고 "우리는 너에게 생명을 기꺼이 주었다. 네가 너무 보고 싶구나. 너는 우리 마음과 우리 가정에 한 자리를 차지하고 있다. 너는 죽었

어도 우리 아이고 네 형제들에게는 형제다." 많은 교회에는 아
브라함의 그림이 있습니다. 그들은 아브라함의 품에 있습니다.
낙태의 경우에는 아이들을 아브라함의 품에 놓았습니다. 더
크게는 아이들을 맡긴 것입니다.

(부부에게) 다시 시도해 볼 수도 있겠습니다만 여기서 중단합
시다.

(그룹에게) 이런 경우에 부모 중의 한 분이 대체로 어머니가 아
이의 뒤를 따르려고 하는 것을 가끔 볼 수 있습니다. 그래서
아프기도 합니다. 그러면 죽은 아이는 어떠하겠는가 상상해 보
십시오. 아이는 평화롭습니까? 아주 다른 상相이 있습니다. 어
머니가 병으로 아이에게 가려고 합니다만, 아이는 어머니의 병
을 자신에게 가져갑니다. 그러면 어머니는 아이에게 병을 줄
수 있습니다. 그러고 나서 어머니는 아이를 안고 건강하게 다
른 아이들을 바라봅니다.

(부인에게) 눈을 감으시고 입을 약간 벌리고 숨을 깊이 쉬세
요.

(부인은 정신 집중을 한다. 헬링거는 그녀의 머리를 조금 앞으로 숙이게
하고 양손의 손바닥이 위로 가게 한다.)

H (조금 후) 자, 그만합시다.

 (그룹에게) 그녀를 그대로 두고 우리들은 계속합시다.

(부인은 계속 정신을 집중하고 있고 헬링거는 다음 부부와 작업을 시작
한다.)

| 여섯 번째 부부 |
아버지의 딸

H   당신들 차례입니까?

         (남편에게) 제 곁에 앉으세요.

         (부인에게) 남편 곁에 앉으세요.

H   (남편에게) 부인과 어렵죠?

남편   심심하지는 않습니다. (그는 웃는다.)

H   (그룹에게) 그는 아주 예의 바르게 표현했습니다.

         (부부에게) 무슨 일입니까?

부인   심장이 세게 뛰고 저는 흥분한 상태입니다.

H   무슨 일입니까?

부인   잘 모르겠습니다만, 무섭습니다.

H   당신이요? 제가 당신을 무서워하겠습니다. (부인은 웃는다.)

         (부부에게) 자리를 바꾸세요.

(부인은 이제 바로 헬링거의 곁에 앉고 남편은 부인의 곁에 앉는다.)

         (그룹에게) 제가 아주 대담한 주장을 합니다. 부인은 아버지의 딸입니다. 아버지의 딸들은 남자들을 존경하지 않습니다.

(헬링거는 부인의 아버지 대역을 선택하여 직접 그 앞에 세운다.) [그림 1]

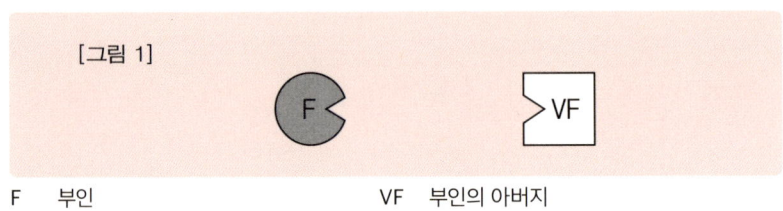

F   부인   VF   부인의 아버지

(부인은 점점 아버지로부터 멀어진다. 헬링거는 부인의 어머니 대역을 세운다.) [그림 2]

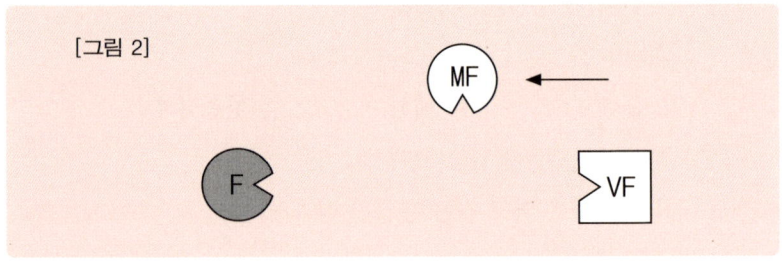

MF   부인의 어머니

H   (부인에게) 아버님은 전에 결혼하신 적이 있습니까?
부인   아닙니다.
H   다른 인연이 있었습니까?
부인   아버지는 어머니만 사랑하신 것으로 알고 있습니다.
H   어머니 전에 다른 부인이 있었습니까?
부인   저는 모릅니다.

H	어떤 여자가 아버님께 앙심을 품었습니다.
부인	어머니가요?
H	어머니가 아버지에게 앙심을 품었습니까?
부인	그런 것 같습니다.
H	이유를 아십니까?
부인	아버지는 집에 전혀 안 계셨습니다.
H	아버지께 말씀하세요. "아버님, 저를 신뢰하십시오."
부인	아버님, 저를 신뢰하십시오.
H	"저는 언제나 당신을 위해 있습니다."
부인	저는 언제나 당신을 위해 있습니다.
H	어머니께 말씀하세요. "저는 더 좋은 여자입니다."
부인	저는 더 좋은 여자입니다.
H	"여기에서 저는 큽니다."
부인	여기에서 저는 큽니다.
H	"당신은 작습니다."
부인	당신은 작습니다.
아버지	믿을 수 없습니다. 저는 믿지 못합니다.
H	그러나 그녀는 그렇게 생각합니다.
아버지	(딸에게) 그렇게 생각하니?
H	딸에게 말씀하세요. "엄마가 조금 더 좋다."
아버지	(머뭇거리며 조금 후에) 저는 그렇게 말 못하겠습니다.

(헬링거는 어머니를 아버지 곁에 세운다.) [그림 3]

[그림 3]

(어머니가 곁에 서자 그들은 등 뒤로 손을 잡는다.)

H   (아버지에게) 딸에게 말씀하세요. "너는 우리의 아이다."

아버지   너는 우리의 아이다.

H   (어머니에게) 어떠하십니까?

어머니   약간 슬픕니다. 딸이 참 좋습니다만, 제 가슴이 아픕니다.

H   (부인에게) 하고 싶은 말이 있습니까?

부인   좋아졌습니다.

(헬링거는 남편을 부인 앞에 세운다.) [그림 4]

[그림 4]

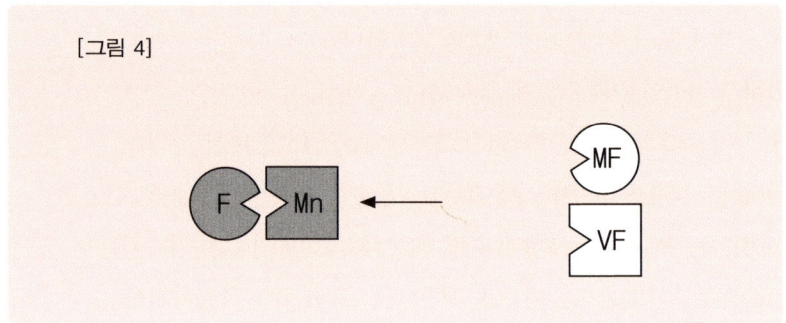

(남편이 앞에 서자 그 둘은 서로 가까이 가서 진심으로 껴안는다.)

H 자, 됐습니다.

남자와 여자

H (그룹에게) 남녀관계에 관해서 중요한 것을 알아냈습니다. 남자는 여자를 존경하는 것을 아버지로부터 배웁니다. 그리고 여자는 남자를 존경하는 것을 어머니로부터 배웁니다. 아버지의 딸, 즉 어머니보다 아버지와 더 많은 관계를 맺는 딸은 남자를 존경하지 못합니다. 저는 더 생각해 보았습니다. 칼 융Carl Jung은 남자의 영혼에 여성적인 부분이 있다고 말합니다. 그는 이것을 아니마Anima라고 부릅니다. 또한 여자의 영혼에 남성적인 부분이 있다고 합니다. 이를 그는 아니무스Animus라고 부릅니다. 아버지의 딸은 자신의 영혼에 강한 아니무스를 가집니다. 그녀는 덜 여성적입니다. 그러나 아름답습니다. 그녀는 쉽게 연인이 되나 부인은 되지 못합니다. 어머니의 딸은 남자를 존경합니다. 그러기에 길게 보아서 남자는 어머니의 딸에게서 편안함을 느낍니다. 반대로 어머니의 아들은 젊은이로 머물고 남자는 되지 못합니다. 많은 연인이 있으나 부인은 없습니다. 카사노바는 어머니의 아들입니다. 남성우월주의자는 어머니의 아들입니다. 모든 영웅은 어머니를 위해 싸웁니다. 그들은 어머니의 아들들입니다. 그러기에 분별없이 싸웁니다. 생명을 쉽게 여기는 사람은 어머니의 아들입니다. 아버지의 아들들은 현명합니다. 이상으로 남녀에 관해 말씀드렸습니다.

이중전이

부부가 이야기를 서로 나누지만 서로를 이해 못하는 현상을 우리는 자주 만납니다. 같은 말을 반복하지만 아무 소용이 없습니다. 어떤 문제에 관해서는 서로 이야기도 못합니다. 서로 앙심을 품고 있습니까? 아닙니다. 아마도 얽혀 있습니다.

여기에서 특별히 주의해야 할 것을 이야기하겠습니다. 이중전이에 관한 것입니다. 예를 들어 한 워크숍에 부부가 참석했습니다. 그들은 네 자녀를 가졌습니다. 남편은 정말로 아주 좋은 사람이었습니다. 그러나 부인은 이상하게 행동했습니다. 그녀는 저녁에 자동차를 타고 사라졌습니다. 다음 날 아침에 그녀는 돌아와서 그룹과 같이 있는 남편에게 말했습니다. "남자 친구에게 가서 자고 왔어." 남편은 정말로 좋은 사람이었습니다. 그녀가 남편을 볼 때, 그녀는 이미 제정신이 아니었습니다. 그녀는 그 남자를 진실로 볼 수 없었습니다. 그녀의 느낌은 그와 아무런 상관이 없는 것이 분명했습니다. 섀도복싱shadow boxing(그림자와 권투)과 같았습니다. 그것과 관련된 실제의 사람은 거기에 없었습니다.

우리는 그녀의 가족사에서 다음과 같은 사실을 알아냈습니다. 그녀의 아버지는 여름방학 때 부인과 자녀들을 시골로 보냈습니다. 그 자신은 여자 친구과 도시에 머물렀습니다. 그러나 가끔 그는 여자 친구와 함께 부인과 자녀들에게 갔습니다. 그때 부인은 두 사람에게 친절하게 봉사했습니다.

그러한 부인들은 나중에 열녀라고 칭송받습니다. 그러나 자녀들에게는 아주 나쁜 효과를 끼칩니다. 부인이 남편을 향해 어떠한 느낌을 가졌겠는가 상상해 보십시오. 표현하지 못한 이 느낌을 딸이 가져갔습니다. 딸이 표현합니다. 이것이 어머니로부터 딸에게 전해지는 주관적인 감정의 전이입니다. 어머니의 표현하지 못한 이 분노를 딸은 아버지에게 나타내지 못하고 남편에게 전이합니다. 아버지가 받아야 할 것을 이제 남편이 받습니다. 이것이 아버지로부터 남편에게로의 객관적 전이입니다. 남편은 대개 속수무책입니다. 부인은 무엇이 일어났는지 이해하지 못합니다. 그녀는 얽혀 있습니다. 남편도 무엇이 일어났는지 이해하지 못합니다. 남편은 용감하게 견딥니다. 그러나 남편이 부인을 향한 화를 자연스레 풀지 못하면 그의 아들이 후에 표현할 겁니다. 어머니에게가 아니라 자신의 부인에게 말입니다. 이렇게 이중전이는 계속됩니다. 부부가 항상 이해할 수 없는 싸움을 하고, 그들이 그렇게 살아가며 제정신이 아닌 듯이 보일 때는 거의 이중전이에 관한 것입니다. 그들에게 이중전이를 설명해 주면 그들은 자신들의 행동을 알아챌 수도 있습니다. 그렇게 되면 위의 예와 같은 경우에 딸은 그 느낌과 문제를 어머니에게 맡기고 남편이 정말로 남편으로 보일 때까지 본 다음 말할 수 있습니다. "저는 당신을 사랑합니다."라고 아주 단순하게.

보는 것과 듣는 것

부부관계에서 서로 잘 통하지 않는 것에 관하여 말씀드리고 싶습니다. 아주 작은 문제입니다. 남녀가 서로 대화한 다음 여자가 말합니다. "당신은 저것을 볼 수 없습니까?" 그러자 남자는 말합니다. "당신은 그것을 듣지 못합니까?" 남녀는 다르게 만들어져 있습니다. 한 사람에게는 보는 것이 중요하고 다른 사람에게는 듣는 것이 중요합니다. 그래서 상대가 이해하지 못하기에 화가 났다고 생각합니다. 해결책은 다음과 같습니다. 상대가 더 잘 듣기를 원하는 사람은 보는 것을 배우고, 상대가 더 잘 보는 것을 원하는 사람은 듣는 것을 배우는 것입니다. 그러면 부부가 서로 잘 통하게 될 것입니다.

| 일곱 번째 부부 |
비밀

H   자, 이제 어느 분입니까? 당신들이오? 됐습니다.
        (그룹에게, 그룹 중 몇 사람이 부인이 남편의 오른쪽에 앉는 것에 대해 이상해하자) 저는 두 분과 같이 일하기에 어느 분이 어느 쪽에 앉든지 상관없습니다. 그러나 왼쪽과 오른쪽에 관해 말씀드리고 싶습니다. 가족세우기에서 부인이 남편을 자신의 왼쪽에 세우면 남편은 자유로움을 느낍니다. 그는 가족을 돌볼 필요를 그렇게 많이 갖지 않습니다. 그녀가 남편을 오른쪽에 세우면 남편은 책임감을 느낍니다. 강하게 맺어집니다. 예외가 있습니다. 이것을 이 워크숍 중에 볼 것입니다. 그때 설명하겠습니다. 그러면 쉽게 이해하실 수 있습니다.

(헬링거는 둘을 오랫동안 바라본다.)

H   (그룹에게) 남편은 힘들어 합니다.

(관중석에서 이의를 제기하자 남자는 미소 짓는다.)

H   (그룹에게) 여러분이 여기에서 존경심을 가지고 계셔야지 그렇지 않으면 그는 당연히 같이하지 않습니다. 그러면 저는 그와 혼자 일할 수밖에 없습니다.

(남편에게) 부인과 우선 시작하겠습니다.
(부인에게) 남편과 자리를 바꾸세요.
(부인은 헬링거의 곁에 앉는다. 그리고 눈을 감고 가만히 있다.)

H   (부인에게) 당신은 죽으려고 합니까?

부인   아닙니다.

H   저는 당신이 죽는다고 거의 생각했습니다.

부인   심장이 천천히 뛰게 했습니다.

H   사랑을 할 때에는 심장이 빠르게 뛴다고 생각하는데요.

(부인은 고개를 끄덕인다.)

부인   그 말씀은 맞습니다.

H   아직도 남편을 사랑하십니까?

부인   예.

H   그런 것 같지 않은데요.

부인   당신이 맞는 것 같습니다.

H   (그룹에게) 그녀의 웃음에서 그녀가 남편을 더 이상 좋아하지 않는다는 것을 볼 수 있었습니다. 그러기에 남편이 힘들어 합니다.

신의

H   신의에 관해 말씀드리고 싶습니다. 신의를 지킬 가치가 있습니까?

부인   제가 대답해야 합니까?

| H | 아닙니다. 이 말을 들으시고 마음에 어떤 느낌이 오는지 기다려 보십시오. 신의는 사람과 사람의 문제가 아닙니다. 그래서 한 사람이 다른 사람에게 신의를 요구할 수 없습니다. 신의는 더 큰 것과의 관계에서 있습니다. 더 큰 것과 하나가 되면서 두 분이 신의를 서로 갖는다면 이 신의는 확실합니다. 그렇게 되면 신의는 아무 조건 없이 주어집니다. "당신은 나에게 신의를 지켜야 돼요." 하면서 더 큰 것을 대신해 자신을 내세우면 상대는 더 큰 것과 하나 됨이 힘들어집니다. 그러면 상대방은 더 큰 것에게 신의를 저버리게 됩니다.
(부인을 보면서) 제가 이제 무엇을 해야 합니까? |
|---|---|
| 부인 | 제가 무엇을 해야 합니까? |
| H | 제가 무엇을 해야 할까 하고 질문했습니다. 제가 무엇을 할 수 있습니까? 제가 뭔가를 해도 되겠습니까? |
| 부인 | 예. (미소 짓는다.) |
| H | (그룹에게) 그녀의 미소는 다른 것을 말했습니다. 그 "예."는 깊은 곳에서 오지 않았습니다. 저는 이런 미세한 표정을 살핍니다. 그러면 그녀가 일치된 상태인지 아닌지 보입니다. 얼굴 표정이나 움직임이 그녀가 말한 것과 일치됩니까? 아니면 모순됩니까? 많은 사람들은 "내가 그렇게 말했는데, 당신은 왜 그걸 믿지 않지요?"라고 말합니다. 그러면 다른 사람은 "당신이 말한 것을 들었습니다. 그리고 그것과 다른 것을 보았습니다."라고 말합니다. |
| H | 이제 자리를 다시 바꾸세요. |

(남편에게) 어떠하십니까?

남편   코감기에 걸려 있습니다.

H   그 밖에 다른 것은요?

남편   문제를 풀고 싶습니다. 해결이 필요합니다.

H   언제부터 그 문제를 풀려고 시도했습니까?

남편   처음 만날 때부터입니다.

H   여자 친구가 있습니까?

남편   없습니다.

H   여자 친구가 있어야 되겠는데요.

(관중은 웃는다. 관중에서 웃음소리)

남편   무슨 뜻입니까?

H   그러면 문제가 풀릴 것입니다. 자, 이제 봅시다.

(헬링거는 남편, 부인 그리고 미래에 가능한 여자 친구 대역을 선택하여 세운다.) [그림 1]

F   부인
Mn   남편
FrMn   미래에 가능한 여자 친구(애인)

(부인의 대역은 비틀거리며 조금 뒤로 움직인다. 헬링거는 남편의 대역을 미래에 가능한 애인 곁에 세운다.) [그림 2]

[그림 2]

H   (남편의 대역에게) 더 좋아집니까? 나빠집니까?
남편   나쁩니다.
H   (부인의 대역에게) 이제 더 좋아집니까? 나빠집니까?
부인   아주 나빠졌습니다. 거의 구역질이 나옵니다. 서 있을 수가 없습니다.

(부인은 조금 무릎을 꿇는다.)

H   (부인의 대역에게) 몸에 반응이 오는 대로 움직이세요.

(부인의 대역은 무릎을 꿇고 바닥에 웅크리고 앉는다. 남편의 대역은 외면을 하고 바닥을 내려다본다. 그리고 나서 부인에게 가서 곁에 무릎을 꿇고 앉아 그녀를 껴안는다.) [그림 3]

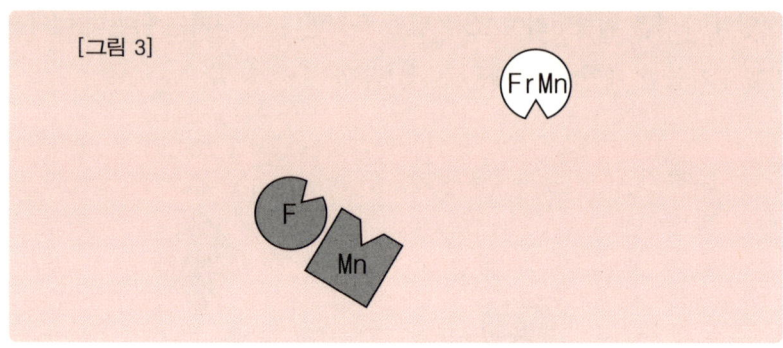

(헬링거는 한 남자 대역을 선택하여 부부 앞에 등을 대고 눕게 한다.) [그림 4]

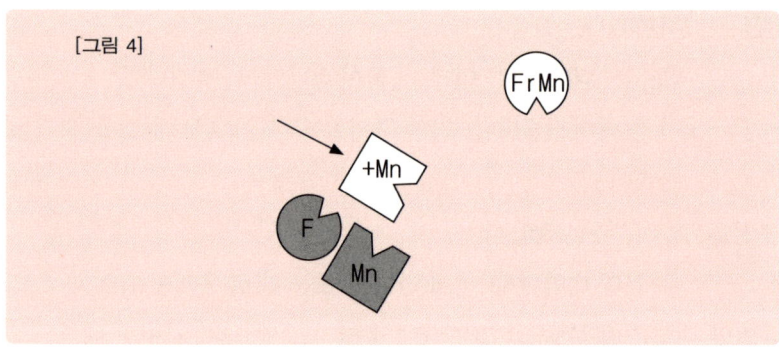

+Mn 알 수 없는 죽은 남자

(부인의 대역은 죽은 남자 곁으로 가서 눕는다. 그리고 어루만진다. 남편의 대역은 일어서서 두 사람을 바라본다.) [그림 5]

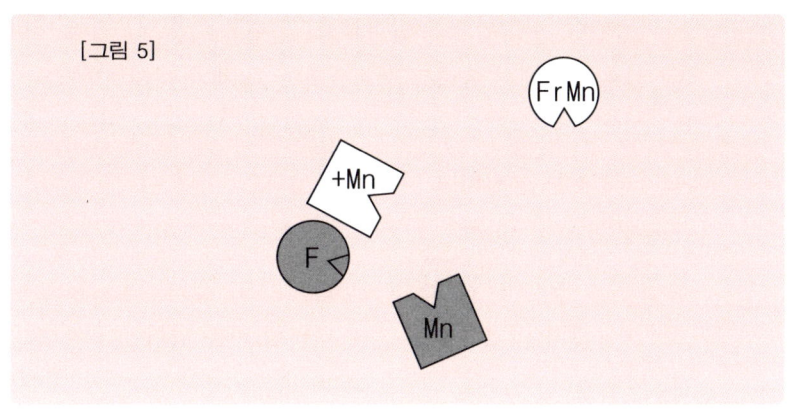

[그림 5]

H   여기서 중단합니다.
(부부에게) 당신들은 아십니다. 그러면 충분합니다. (대역들에게) 고맙습니다.

가족세우기

H   (그룹에게) 가족세우기에 관해 말씀드리고 싶습니다. 제가 방금 무엇을 했습니까?
몇 분을 세웠습니다. 저는 아무 일도 하지 않았는데 무슨 일이 일어났습니까?
대역들은 그들이 알지 못하는 것과 갑자기 연결되었습니다. 느낌을 넘어서서 감춰진 것과 연결되었습니다. 그리하여 전에는 감춰진 것이나, 사람들이 알려고 하지 않는 것이나, 혹은 자신의 영혼에서 떨쳐 버린 것이 대역들을 통해 느낌을 넘어서서 나타납니다. 나타남으로써 작용을 합니다. 가족세우기는 나타난 실재에 의해서 효력을 발휘합니다. 실재가 나타나면 더 이상 다른 것을 해서는 안 됩니다. 완전히 충분합니다.

제가 더 질문을 한다고 생각해 보십시오. 아니 여러분들이 더 질문을 한다고 합시다. 이것은 그들의 영혼에 아주 나쁘게 작용합니다. 여기에 나타난 상(相)은 우리가 추가로 더 말하지 않고, 질문하지 않고 그대로 둠으로써 효력을 발휘합니다. 영혼은 스스로 일합니다. 영혼은 어떤 심리치료사나 다른 사람보다 더 많이 압니다. 그러기에 이 일은 아주 겸손히 해야 합니다. 이 일은 어떤 것에 봉사하는 것입니다. 그래서 가족세우기에서는 "내가 했어."라고 말하지 않습니다.

(부부에게) 이제 당신들은 이것에 관해 서로 대화하지 마시고 기다리세요. 영혼이 할 것입니다. 영혼이 혼자 할 것입니다. 당신들은 노력할 필요가 없습니다. 이제 모든 것이 잘되기를 바랍니다.

이틀 후에(비밀-연속)

H   (부부에게) 이제 당신들과 계속합니다. 언제 가족세우기를 했습니까?

부인   이틀 전에 했습니다.

H   (부인에게) 무슨 일이었습니까?

부인   저희 부부문제였습니다. 제 아들의 아버지와의 관계에 대해서 하고 싶습니다. 그 관계는 종결이 되지 않았습니다.

H   전에 결혼하셨습니까?

부인   저는 결혼한 적이 없습니다. 동거만 했었습니다.

H   아들이 있습니까?

부인   예.

H   (남편에게) 결혼한 적이 있습니까?

남편   없습니다.

H   (그룹에게) 이제 가족세우기를 합시다. 여러분은 어떻게 하여 관계가 잘 정돈되는지를 볼 수 있습니다. 다른 요인이 나타나 잘 안 될 수도 있지만 대체로 잘되는 것을 볼 수 있습니다.

부인   더 말씀드리고 싶은 점은 저의 아버지는 22년 전에 돌아가셨습니다.

H 그 말씀은 관심을 빗나가게 합니다. 최소한의 것을 가지고 작업합니다. 그렇지 않으면 일을 잘되게 하지 않고 방해합니다. (헬링거는 첫 남자, 아들, 부인과 남편의 대역을 선택하여 세운다.) [그림 1]

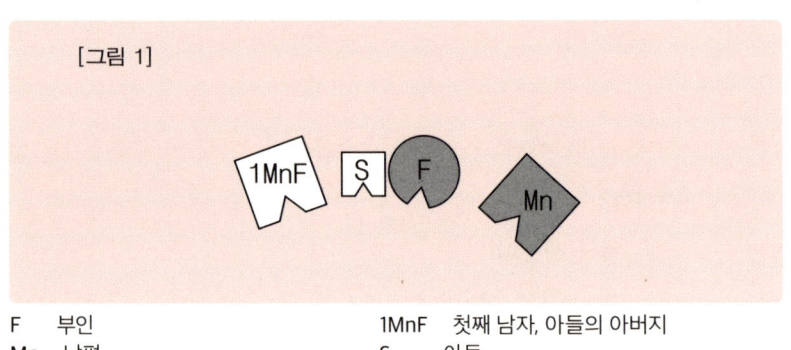

F   부인   1MnF   첫째 남자, 아들의 아버지
Mn 남편   S   아들

H (부인에게) 지금 남편과의 사이에 자녀가 있습니까?
부인 없습니다.

서열

H (그룹에게) 여기에서 제가 보여 드리고 싶은 것은 기본 질서입니다. 먼저 있던 것이 나중에 오는 것보다 우선한다는 것이 기본 질서에 속합니다. 첫 번째로 첫 남자이기에 그는 오른쪽 첫째 자리에 섰습니다. 두 번째 자리에는 부인입니다. 세 번째로 아이가 옵니다만 그들은 헤어졌기에 그 사이에 섭니다. 다음으로 지금의 남편 자리입니다. 마지막 자리입니다. 이것이 질서에

맞는 것입니다. 이 질서의 결과로 부인의 마음에는 전남편과 함께 아이가 첫째로 차지합니다. 아이를 보고 그녀는 아이 안에 있는 아이의 아버지를 존경하고 사랑하여야 합니다. 헤어졌지만 전남편은 언제나 아이 안에 있습니다. 남편은 조금 떨어져 있습니다.

(두 번째 남편에게) 부인에게 더 가까이 가 보고 다시 조금 더 떨어져 보세요. 어디에 서면 기분이 더 좋습니까?

(그는 조금 떨어져 있는 게 좋다고 한다.)

(그룹에게) 두 번째 남편은 자신의 부인에게 아주 가까이 가지 못합니다. 여기에서 우리는 첫 번째 인연이 아직도 존속하고 있으며 그는 이 인연을 존중한다는 것을 볼 수 있습니다. 부인에게는 아이를 향한 사랑이 첫째고 남편은 두 번째입니다. 남편이 "내가 남편이니까, 당신에게는 내가 첫째고 당신의 아들은 그 다음이오." 하게 되면 질서를 깨는 것이 됩니다. 그는 그녀가 첫 번째로 아들을 고려해야 한다는 것을 인정하여야 합니다.

이 결과 그는 아이에 대한 책임을 가지지 않아야 합니다. 부인과 그의 아버지가 아이를 위해 책임을 져야 합니다. 그러기에 부인의 아들에게 "나는 단지 너의 어머니의 남자다. 너를 위해선 너의 어머니와 아버지가 책임을 진다. 나는 거기에 간섭을 하지 않는다."라고 말해야 합니다. 그러면 아들은 편해하며 그에게 친절히 대합니다. 그렇지 않으면 그는 자신의 아버지를 대신해 지금 어머니의 남편에게 싸움을 걸어서 모두의 삶이 힘들어집니다. 이렇게 서열이 존중되면 아이는 잘 자랍니다. 반대로 자녀가 없는 남녀가 결혼하여 자녀를 갖게 되면 첫째가 부부이고 다음이 자녀입니다. 그러나 가끔 우리는 부부가 자녀를 갖게 되면 자녀가 첫째고 부부관계는 잊어버리는 경우를 봅니다. 그러나 부모로서 자녀에게 향하는 사랑은 대부분 부부 사랑에서 그 힘을 얻습니다. 부부관계가 먼저 되면 자녀교육은 쉽게 됩니다. 가끔 자녀들이 자신들이 우선인 것같이 행동합니다. 그러면 부모는 조용히 말합니다. "너희들은 여기에서 아이들이다." 이렇게 부모는 우위를 차지합니다. 이것이 질서에 속합니다.

(첫 번째 남편은 오래전부터 손을 배에 대고 있다.)

H   (첫째 남편에게) 무슨 일입니까?

첫째 남편 위가 아픕니다. 눈을 감고 눕고 싶습니다.

H   그렇게 하십시오.

(첫째 남편은 그들 앞에 눈을 감고 머리를 그들로부터 멀리하고 배를 바닥에 대고 눕는다.) [그림 2]

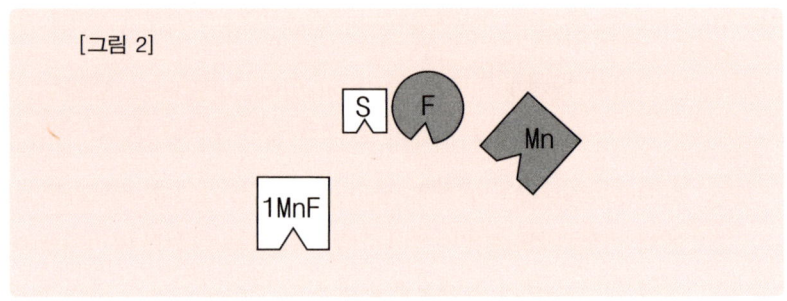

[그림 2]

(아들과 부인은 불안해한다. 조금 있다가 부인은 첫째 남편에게 가서 무릎을 꿇고 그 위에 누워 그를 꽉 잡고 있다.) [그림 3]

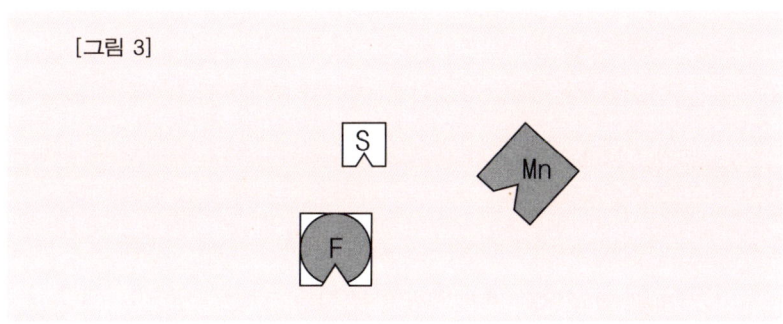

[그림 3]

(아들은 그 둘에게 갈까, 그대로 서 있을까 하며 망설인다. 불안하게 앞으로 갔다 뒤로 갔다 한다. 또 부모를 바라보다, 의붓아버지를 바라보다 한다. 시간이 조금 지난 후 부인은 일어서서 아들 곁에 선다.) [그림 4]

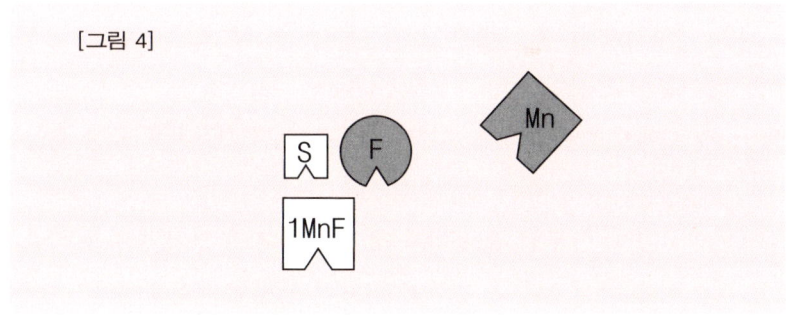

[그림 4]

H   (부인에게) 첫째 남편에게 무슨 일이 있었습니까?
부인   저의 요구로 우리는 헤어졌습니다. 무엇보다도 아들 때문에 많

	이 싸웠습니다.
H	그는 지금 잘 지냅니까?
부인	아주 힘들어 합니다. 사는 것보다 죽는 것이 좋다고 그는 생각합니다.
H	그렇습니다. 우리는 그것을 여기서 볼 수 있습니다. 그러나 당신과 아무런 관련이 없습니다.
부인	그렇지 않습니다.
H	(그룹에게) 아무도 배우자 때문에 자살하지는 않습니다. 이 점은 아주 중요합니다. 사람들이 항상 그렇게 이야기하지만 부부관계로 인해 자살하는 건 아닙니다. 자살한다면 자신의 부모 형제나 개인적인 죄 때문입니다. 부부관계에서 가끔 한 배우자가 자살하겠다고 협박을 하지만 절대 배우자 때문이 아닙니다. 그럴 때 배우자는 다음과 같이 말해야 합니다. "저는 당신을 떠나보냅니다. 당신 운명이 이끄는 대로 떠나보냅니다." (부인에게) 자, 그렇게 말씀하세요.
부인	그는 내 사람 같다는 느낌입니다.
H	그에게 말씀하세요. "저는 당신을 떠나보냅니다. 당신 운명이 이끄는 대로 떠나보냅니다." (부인이 아무런 말을 하지 않자, 그룹에게) 부인은 지금 어린아이와 같이 고통을 받으려고 하며 약하게 행동합니다. 이렇게 하는 것은 쉽습니다. 그래서 제가 말씀드렸습니다. "고통 받음이 풀림보다 쉽다." (그러는 사이에 아들은 아버지를 오랫동안 쳐다본 다음 오른쪽으로 갔

다.) [그림 5]

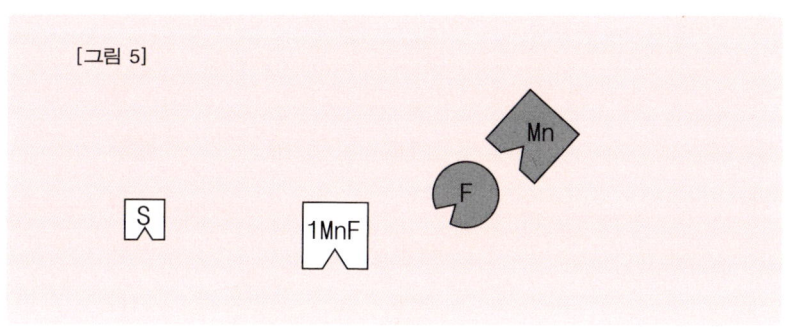

H   (부인에게) 이제 대역자 자리에 바로 서세요.
(이제 부인은 두 번째 남편 곁에 서 있다.)

H   (부인에게) 눈을 뜨세요. 바로 서서 첫째 남편을 보시고 말씀하세요. "저는 당신을 떠나보냅니다. 당신 운명이 이끄는 대로 떠나보냅니다."

부인   저는 당신을 떠나보냅니다. 당신 운명이 이끄는 대로 떠나보냅니다.

H   눈을 뜨고 하세요.

부인   저는 당신을 떠나보냅니다. 당신 운명이 이끄는 대로 떠나보냅니다.

H   "저는 당신의 운명을 존중합니다."

부인   저는 당신의 운명을 존중합니다.

H   "그리고 저는 저의 운명을 존중합니다."

부인   그리고 저는 저의 운명을 존중합니다.

H   (첫째 남편에게) 이제 어떠하십니까?

첫째 남편 편안합니다.

H   맞습니다.

        (아들에게) 자, 이제 이쪽으로 오세요.

(헬링거는 아들을 아버지 앞에 세운다.) [그림 6]

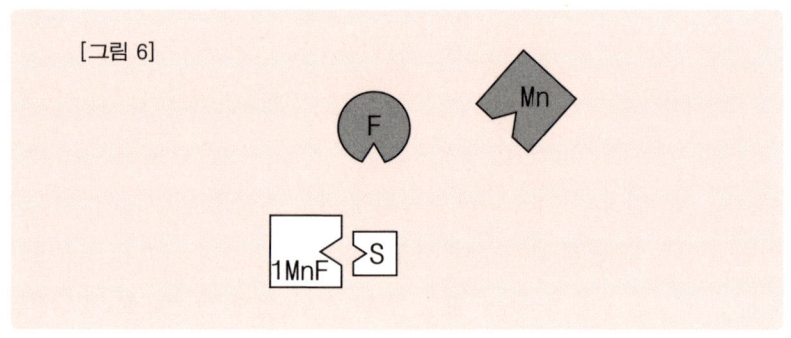

H   (그룹에게) 아들이 위험합니다. 그는 아버지를 따라 죽으려고 할 것입니다.

        (첫 번째 남편에게) 아드님을 보고 말씀하세요. "나는 너를 너의 어머니에게 사랑으로 맡긴다."

(그 사이 첫째 남편은 바로 서 있다.)

첫째 남편 나는 너를 너의 어머니에게 사랑으로 맡긴다.

H   "나는 가지만 네가 살아 있으니 나는 기쁘다."

첫째 남편 나는 가지만 네가 살아 있으니 나는 기쁘다.

H   (아들에게) 앞으로 가세요.

        (첫째 남편에게) 그냥 서 계세요.

(첫째 남편은 서 있다. 아버지와 아들은 진심으로 껴안는다.)

H (첫째 남편에게) 아들을 어머니에게 데려가세요.

(첫째 남편은 아들을 그의 어머니에게 데리고 간다. 아들은 어머니 곁에 선다.) [그림 7]

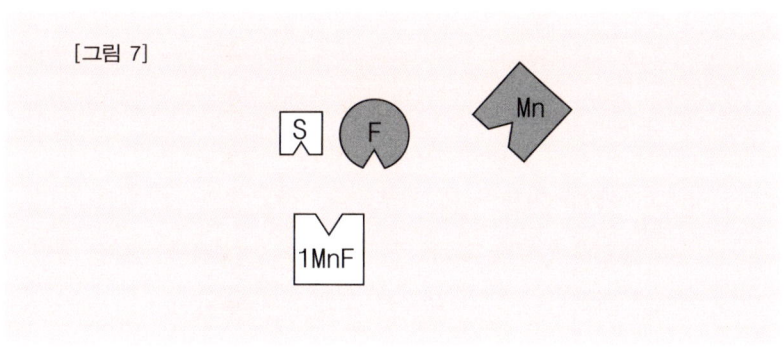

[그림 7]

H (첫째 남편에게) 부인에게 말씀하세요. "저는 당신에게 우리 아들을 사랑으로 맡깁니다."

첫째 남편 저는 당신에게 우리 아들을 사랑으로 맡깁니다.

H (아들에게) 어떠하십니까?

아들 (머뭇거리며) 아버지가 저렇게 허약하시기에 화가 납니다. 저는 아버지같이 되지 않을 겁니다.

H 아버지 앞에 무릎을 꿇고, 손바닥을 위로 하고 큰절을 하세요.

(아들은 아버지 앞에 무릎을 꿇는다.) [그림 8]

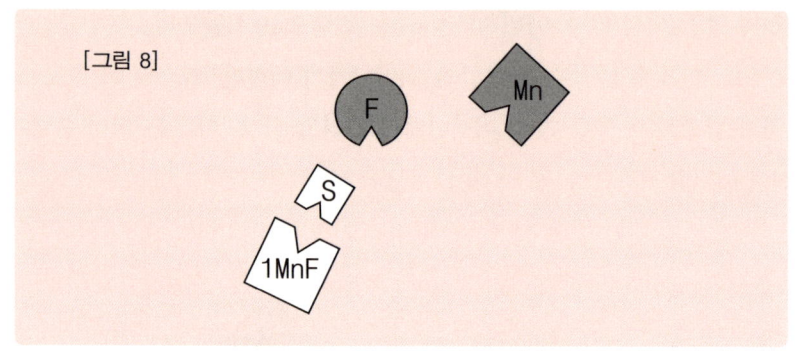

[그림 8]

H   (그룹에게) 아들은 살기보다 죽으려고 합니다. 죽어 가며 그는 순진무구함과 그가 크다는 것을 느낍니다. 사는 것은 그에게 죄책감과 그가 작다는 것을 느끼게 합니다. 이것이 얽힘입니다.

(아들에게) 이제 일어나세요.

(첫째 남편에게) 이제 돌아서세요.

(아들은 아버지 뒤에 선다.) [그림 9]

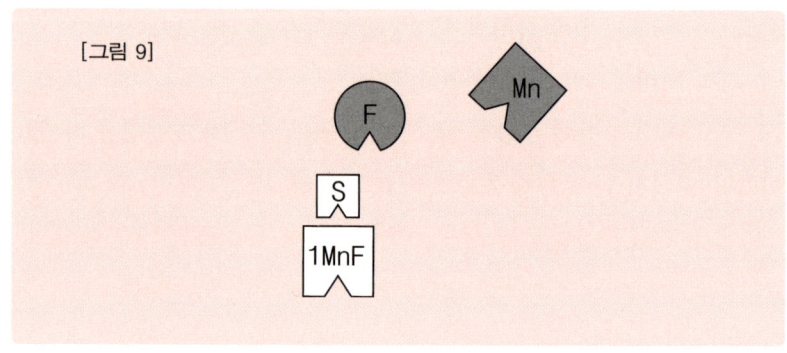

[그림 9]

H	(아들에게) 어떠하십니까?
아들	기분이 나쁩니다.
H	(아들에게) 어머니 곁에 서세요. [그림 10]

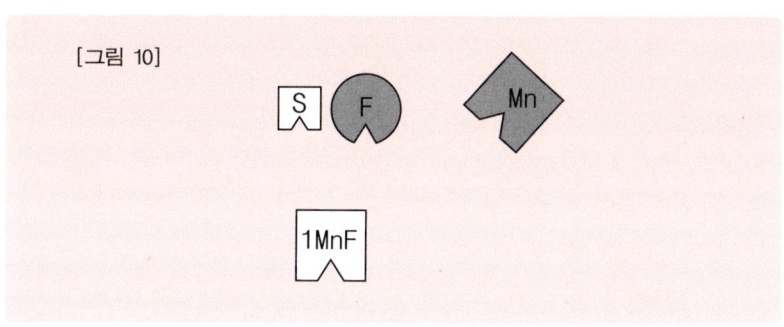

아들	기분이 나쁘기에 죄책감이 듭니다.
H	(아들에게) 이 자리가 더 좋습니까, 혹은 나쁩니까?
아들	더 좋습니다.
H	(부인에게) 아들을 보고 말씀하세요. "나는 너를 붙들고 놓지 않는다."
부인	나는 너를 붙들고 놓지 않는다.
H	"너의 아버지를 향한 사랑 때문에."
부인	너의 아버지를 향한 사랑 때문에.
H	(부인과 두 번째 남편에게) 이제 서로 바라보세요.

(둘은 서로 바라본다. 헬링거는 아들을 부인 앞에 세운다. 첫째 남편은 그동안에 앞으로 많이 갔다.) [그림 11]

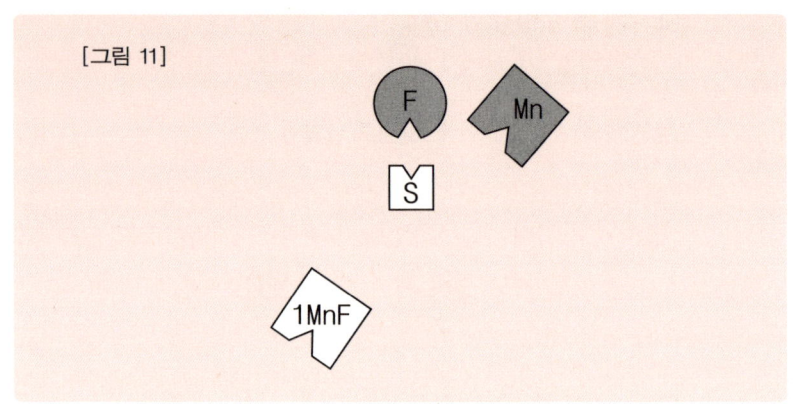

[그림 11]

H   (부인에게) 남편을 보고 말씀하세요. "제가 머물도록 붙잡아 주세요."

그를 보세요. 두 눈을 보세요.

부인   제가 머물도록 붙잡아 주세요.

H   "부디."

부인   부디.

(둘은 이제 손을 잡는다. 아들은 그 둘 앞에 고개를 숙이고 있다.)

H   이제 됐습니다.

    (그룹에게) 자, 이제 생각해 보세요. 우리는 영화나 TV에서 남녀관계를 보거나 또는 토크쇼에서 사랑에 관해 이야기를 보고 듣습니다. 이 사랑의 깊이에 비하면 그것들은 얼마나 가볍습니까! 여기에서 우리 자신들과 남들의 운명에 외경심畏敬心을 갖게 됩니다. 여기에 있는 부부를 볼 때 그들뿐만 아니라 그들 뒤에 있는 위대한 운명을 같이 봅니다. 그 운명 앞에 저는 고

개를 숙입니다.

하늘

H 더 큰 것과 하나 됨의 이 일을 영적인 또는 더 나아가 종교적이라고 부를 수 있겠습니다. 이 점에 저는 아주 조심합니다. 이 일은 아주 깊고 인간적인 것입니다. 이 일은 아무도 혼자서는 볼 수 없는 것을 나타나게 합니다. 우리 모두는 어떤 다른 것에 연결되어 있습니다.

얼마 전 저는 하늘에 관해 생각해 보았습니다. 하늘이 도대체 있기나 합니까? 많은 사람들은 하늘을 믿습니다. 아마도 우리는 인간적으로 체험할 수 있습니다. 하늘을 향한 우리의 동경은 지상에서 목적지를 만날 것입니다. 하늘을 향한 동경에 우리를 맡기면 무엇이 일어납니까? 우리는 아주 먼 곳에 우리의 귀를 기울이게 됩니다. 무엇을 알아챌 수 있지 않을까 하면서 우리는 멀리멀리 귀를 기울입니다. 이렇게 귀 기울임으로 우리는 정신 차려 있습니다. 이때 우리는 언어가 필요 없는 어떤 것을 알아차립니다. 그리고 우리는 가까운 것이 아닌 넓은 곳을, 넓고도 동시에 먼 곳을 바라봅니다. 그리고 우리는 멀고 넓은 어떤 것에 우리 자신을 맡깁니다. 우리는 정확히 보지는 않습니다만, 이렇게 보고 들음으로써 더 큰 것에서 우리를 엽니다. 우리는 우리 자신을 떠나서 더 큰 것, 즉 감춰진 것과 하나를 이룹니다.

완전히 느낄 수 있는 더 큰 것을 저는 무無라 부릅니다. 존재하는 모든 것은 무로 싸여 있습니다. 존재는 무에 비해 제한되어 있습니다. 존재와 비교할 때 무는 끝이 없습니다. 우리를 이 무에 맡김으로써 우리는 무와 비슷해집니다. 즉, 우리는 넓어져서 어떤 의미로는 무한해집니다. 우리가 멀리 듣고, 보고, 전체를 느낌으로 끌어들여 무에 가까이 감으로, 즉 무에게 우리를 맡김으로써 우리는 채워집니다. 이 움직임에서 우리는 하늘을 체험합니다. 많은 사람들이 동시에 이런 경험을 하면 그들은 서로 이 체험으로 연결됩니다. 그리하여 이 경험은 개인적인 것이 아니라 많은 사람들을 하나로 연결시킵니다.

이제 이들은 모두 같이 하늘과 서로서로 연결됩니다. 그러기에 우리는 인류의 현존에서 움직일 때 하늘에 도달합니다. 많은 영적이고 종교적인 운동들은 신 앞에서의 변화를 상상합니다. 이럴 때 영혼이 어떻게 체험하는가를 상상하거나 느껴 보십시오. 이와 비교해서 멀리 듣고, 멀리 보고, 멀리 느끼는 움직임으로, 인간 앞에서 여러분이 변화하는 것과 비교해 보십시오. 만약 신적인 것이 존재한다면 어떤 것이 신적인 것에 더 가까이 있습니까? 어느 것이 하늘에 더 가까이 있습니까?

|여덟 번째 부부|
부부관계에서 주고받음

H   자, 계속합시다. 같이한 부부가 또 있습니까? 당신들이오? 좋습니다.

(부부에게) 상당히 흥분하셨군요.

남편   조금 그렇습니다.

H   충분한 시간이 있습니다. 편안하게 긴장을 풀고 앉으세요. 잘하셨습니다.

(남편에게) 눈을 감으세요.

(둘은 눈을 감는다.)

H   부모님께 기대는 것을 상상하세요. 등 뒤에 부모님과 조상들을 느끼세요. 그러고 나서 마음속 깊이 바로 앉으세요. 그리고 당신 부인을 바라보세요.

(그는 눈을 뜨고 부인을 바라본다.)

H   (부인에게) 말씀하세요. "부디…"

남편   부디…

(둘은 서로 바라본다.)

H (부인에게) 그에게 고개를 숙이세요.
(부인은 남편을 지긋이 바라보며 깊이 고개를 숙인다.)
H 이제 한 번 더 하세요. 고개만 조금 숙이세요.
(부인은 고개를 조금 숙인다. 부인은 다시 고개를 들고 둘은 서로 바라본다.)

H (그룹에게) 여러분들이 이 부분을 보고 말씀해 보세요. 두 분 중 누가 많이 주고 누가 많이 받습니까?
(조금 후 부부에게) 누가 더 많이 줍니까?

부인 제가 더 많이 주는 것 같습니다.

H 아닙니다. 남편이 훨씬 더 많이 줍니다. 주고받음의 균형은 남녀관계의 기본입니다. 그러면 다음과 같이 질문할 수 있겠습니다. 누가 더 요구합니까? 더 요구하는 사람은 적게 줍니다. 이러한 관계에서의 다음 단계는 적게 주고받음에서 균형이 옵니다. 다음과 같이 더 생각해 볼 수 있습니다. 한 사람이 갈망하고 상대가 이를 베풀어 준다면 이 갈망은 좋게 풀어집니다.
(조금 후 부부에게) 제가 당신들에게 숙고할 기회를 주었습니다.
(그룹에게) 이와 관련해서 더 말씀드리고 싶습니다. 주는 것보다 많이 받는 사람은 상대를 떠나게 됩니다. 더 많이 받아서 대등한 것을 줄 수 없거나 주지 않는 사람은 상대를 떠납니다. 간단한 예를 들어 봅시다. 학생인 남자가 여자와 결혼했습니다. 이 부인은 직업을 가졌기에 남자에게 뒷바라지하였고 남자는 공부가 끝나자 부인을 떠납니다. 그는 다시 말하면 균형

을 잡을 수 없기에 떠나야만 합니다. 다른 예를 들어 봅시다. 누가 더 많이 받습니까? 누가 상대를 떠나려고 합니까? 장애인은 떠나려고 합니다. 왜냐하면 주고받음을 조절할 수 없기 때문입니다. 그래서 조절이 가능한 결혼을 해야 합니다. 너무 많이 주게 되면 받은 사람은 되돌려줄 수 없기 때문에 떠납니다. 그러기에 상대가 되돌려주려고 하고, 되돌려줄 수 있을 만큼 주어야 합니다. 주는 것에는 한계가 있는 것입니다.

맺어 주는 사랑과 헤어지게 하는 사랑

남자와 여자가 만나면 남자는 자신에게 무엇인가 부족하다는 것을, 그리고 여자도 자신에게 무언가 부족하다는 것을 압니다. 여자가 없는 한 남자는 무엇이고 남자가 없는 한 여자는 무엇이겠습니까? 남자는 한 여자와 여자는 한 남자와 맺어짐으로써 각자는 자신에게 부족한 것을 얻습니다. 남자는 여성을, 여자는 남성을 얻습니다. 남자에게 여성성이 부족하다는 것과 여자에게 남성성이 부족하다는 것을 인정하는 것이 겸손입니다. 이것은 쉽지 않습니다. 이것을 인정할 때 각자는 자신의 한계를 인정하는 것입니다. 많은 사람들은 이 한계를 벗어나려고 합니다. 남자는 자신 안의 여성을, 여자는 자신 안의 남성을 성장하게 합니다. 이를 완성하게 되면 남자는 여자를, 여자는 남자를 필요로 하지 않습니다. 그들은 그러면 혼자가 됩니다.

남녀관계는 두 사람이 자신에게는 상대의 특성이 부족하다는 것을 인정할 때에 잘됩니다. 그들은 자신들의 완전함을 이루기 위해 서로를 필요로 합니다. 그리하여 상대가 부족한 것을 서로 줄 때에 그들은 남녀관계에서 특별한 방법으로 완전하게 됩니다. 남녀관계는 성性의 실행으로 완성을 하게 됩니다. 남녀관계는 성의 실행을 목표로 합니다. 남녀를 서로 끌리게 하는 것을 우리는 가끔 충동이라고 하면서 비하합니다. 많은 이들이 정신적인 것과 반대되는 것으로 여깁니다. 그러나 어떤 것이 더 큽니까? 정신적인 것입니까? 혹은 성의 실행입니까? 어느 것이 세상의 본질적인 것과 하나를 이룹니까? 어느 것이 더 큰 결과를 가져옵니까? 어느 것이 우리에게 의무를 더 많이 지웁니까? 성의 실행과 그 결과보다 무엇이 우리를 더 성장하게 합니까?

이 실행과 함께 어떤 것이 맺어집니다. 성의 실행으로 인연이 생깁니다. 남녀는 더 이상 헤어지지 못합니다. 이 관계는 마음 대로 다룰 수 있는 것이 아닙니다. 어떤 경우는 심각한 결과를 초래합니다.

인연이 무엇을 의미하는지, 얼마나 인연이 깊은지 남녀가 헤어질 때 우리는 그 결과를 보고 읽을 수 있습니다. 헤어짐과 함께 오는 아픔, 죄책감은 인연이 얼마나 깊은지 보여 줍니다. 인연을 인정하지 않고는 헤어지지 못합니다. 우리는 관찰할 수 있습니다. 남녀가 헤어지고 또 다른 상대를 만나고, 또 헤어진다면 두 번째의 헤어짐으로 인한 아픔과 죄책감은 더 적어지고 나중에는 아무렇지도 않게 됩니다. 이별이 다음의 인연에 어떻게 작용하는지 우리는 두 번째 인연에서 생긴 아이가 첫 번째 인연의 상대를 피할 수 없이 대신한다는 것으로 알 수 있습니다. 그 아이는 첫째 상대의 느낌을 가져와서 그것을 표현합니다. 이것은 첫째 인연을 귀하게 인정할 때에만 풀어질 수 있습니다. 그렇지 않으면 기묘한 결과가 생깁니다. 첫 번째 여자가 남자를 증오하게 되면 이 증오는 자주 남자에게서 아이에게로 전이됩니다. 이 증오는 아이에게 저주와 같이 작용합니다. 그런 아이는 가끔 신경성 피부병을 앓게 됩니다. 첫째 여자와 화해가 이루어지면 이상하게도 이 병이 사라집니다. 사람들은 인연과 장난을 할 수 없습니다. 인연은 계속 효력을 발합니다. 헤어질 때에 서로가 존경하여야만 풀림은 가능합니다. 항상 그렇게는 되지 않습니다만 사람들은 그 결과를 짊어져야 합니다. 경솔한 헤어짐은 가끔 범죄로 이어집니다. 예를 들어 "나는 이제 스스로 성장해야겠어. 네가 어떻게 되든 나에게는 관심 없어." 하면서 정말로 쉽게 떠난다면 가끔 아이가 죽습니다. 혹은 자살합니다. 사랑과 인연은 우리에게 궁극적인 것입니다.

| 아홉 번째 부부 |

낙태된 쌍둥이

H   다음 부부의 차례입니다. 당신들은 무엇을 원하십니까?
          (한 부부가 미소 짓자) 당신들은 괜찮을 거 같은데요.

남편   지금은 좋습니다만, 우리 관계를 아주 힘들게 하는 순간들이 있습니다.

H   (부인에게) 더 할 말씀은 없습니까?

부인   아니요, 없습니다.

H   자녀가 있습니까?

남편   예, 아들이 두 명입니다.

H   가족을 세웁시다. 남편, 아내 그리고 두 아들, 부인께서 해 주십시오.

부인   (불안해하며 주위를 본다.) 고르기가 어렵습니다.

H   (부인에게) 됐습니다. 앉으시죠. 제가 대신 하겠습니다.

(헬링거는 남편, 아내, 두 아들의 대역을 고른다.)

H   (남편에게) 당신이 세우십시오.

(남편은 그저 일렬로 세운다.)

H   (남편에게) 우선 정신 집중을 하시고 다시 해 보세요. 각자의

뒤로 가서 어깨를 잡고 느낌이 오는 대로 세우세요.
(남편이 다시 세운다.) [그림 1A]

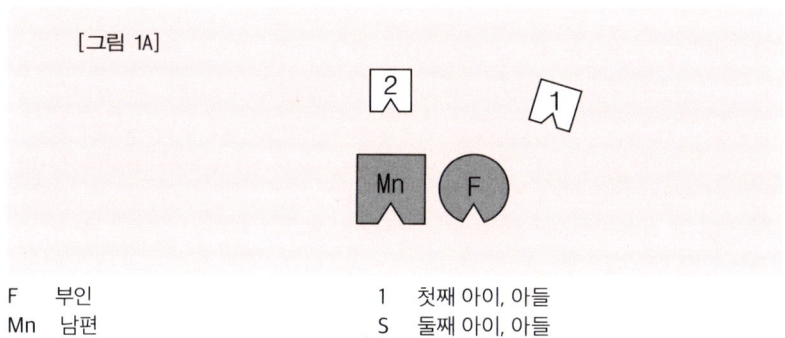

[그림 1A]

F   부인
Mn   남편

1   첫째 아이, 아들
S   둘째 아이, 아들

H   (부인에게) 세우고 싶으신 대로 다시 세워 보십시오.
(부인은 대역들을 오랫동안 관찰한다.)
H   (부인에게) 주위를 천천히 돌면 고치고 싶은 부분을 느낄 수 있습니다.
(부인이 다시 세운다.) [그림 1B]

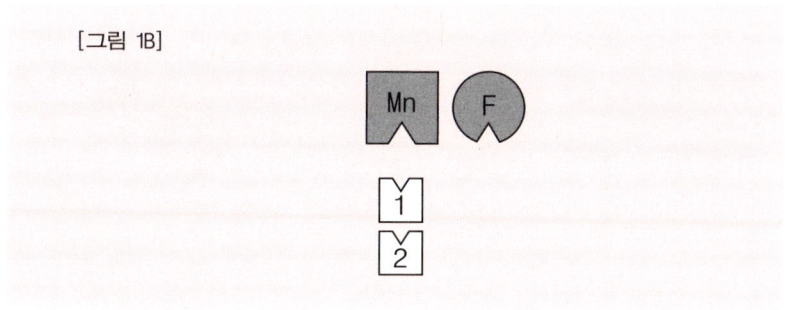

[그림 1B]

(남편 대역은 불편해하며 몸을 돌린다.) [그림 2]

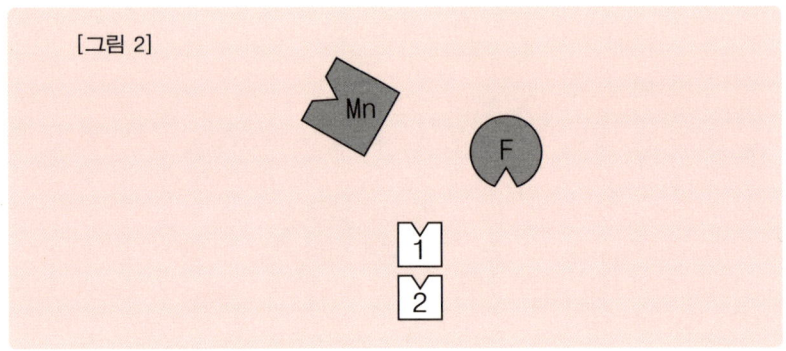

(자녀들은 조금 앞으로 간다.)

H   자녀들은 움직이지 말고 그냥 서 계세요.

(부모들은 천천히 자녀들로부터 멀어져 간다. 헬링거는 어머니 대역을 더 앞으로 가게 한다.) [그림 3]

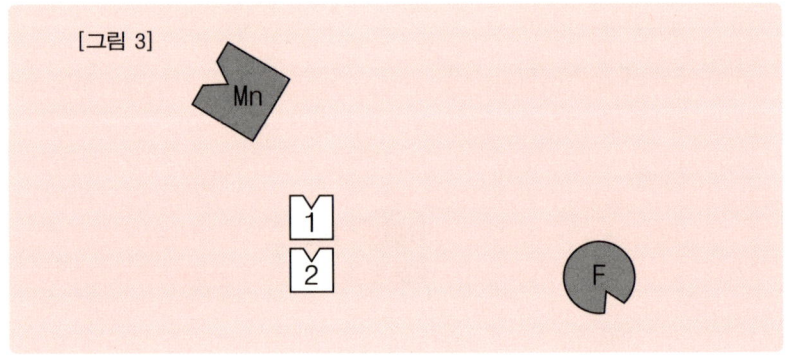

H   (부인 대역에게) 앞으로 더 가니 좋습니까? 나빠집니까?

부인	좋습니다.
H	남편이 세운 것을 보고 저는 이런 경우는 있을 수 없다고 생각했습니다. 부모가 사라지려고 하는 것을 여기에서는 보여 주고 있습니다. 그리고 자녀들은 혼자 있습니다. (오랜 침묵이 흐른 후) 남편에게 무슨 일이 있었습니까?

(남편은 침묵한다.)

H	(부인에게) 무슨 일이 있었습니까?
부인	저는 모릅니다.
H	당신과 남편 사이에 무슨 일이 있었습니까?
부인	저는 제 남편에게 매우 화풀이를 자주 합니다. 그러나 우리의 사랑은 달콤합니다. 그리고 남편은 질투를 많이 합니다.
H	무슨 일이 있었습니까?
부인	낙태를 한 적이 있었습니다. 만난 지 얼마 되지 않아 우린 낙태를 했습니다.
H	바로 그것입니다. (조금 후 부인에게) 남자아이 같습니까? 아니면 여자아이 같습니까?
부인	쌍둥이 같습니다.
H	남자아이입니까? 아니면 여자아이입니까?
부인	남자 쌍둥이 같습니다.

(헬링거는 두 낙태 아이를 선택하여 세운다. 그들은 바닥에 앉는다. 낙태된 아이들과 가까운 곳에 세운다.) [그림 4]

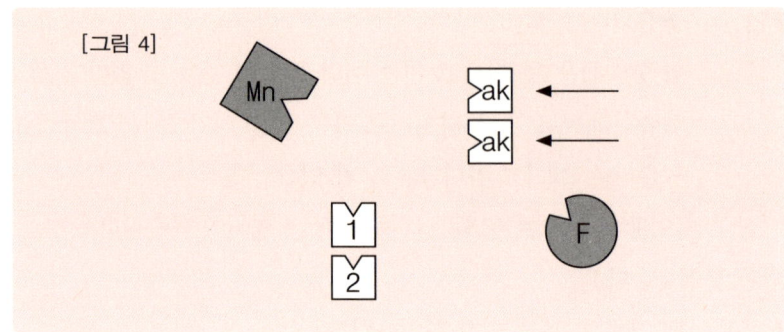

ak   낙태된 남자아이들

H   (둘째 아이에게) 낙태된 아이 앞으로 가십시오.
(둘째 아이는 앞으로 가서 바닥에 앉는다.) [그림 5]

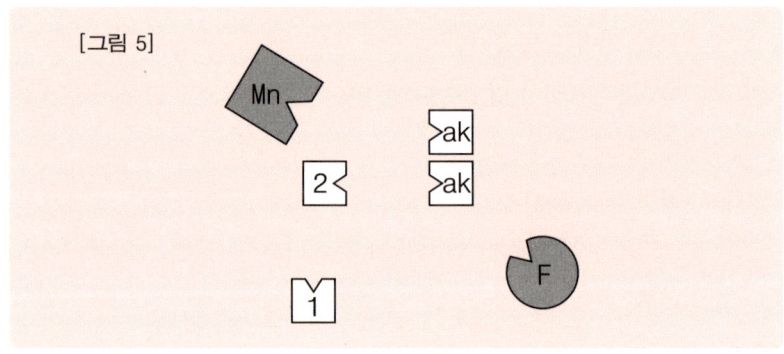

(어머니 대역은 누구를 안을 것같이 두 손을 양쪽으로 올린다. 조금 후 낙태된 아이들에게 천천히 움직인다. 아버지 대역은 아이들 곁에 앉는다. 어머니 대역은 더 가까이 간다.) [그림 6]

(어머니 대역은 무릎을 꿇고 낙태된 두 아이를 두 손으로 안는다. 아버지 대역은 바닥에 눕는다. 첫째 아이는 그 자리에 서 있다.) [그림 7]

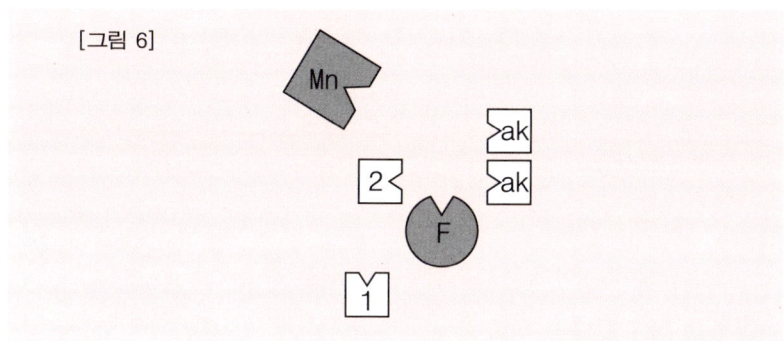

H   (그룹에게) 여기에서 우리는 속죄를 볼 수 있습니다. 아버지는 아무것도 하지 않고, 아이들을 주시하지 않고 죽으려고 합니다.

(헬링거는 아이들을 멀리 서게 한다.) [그림 8]

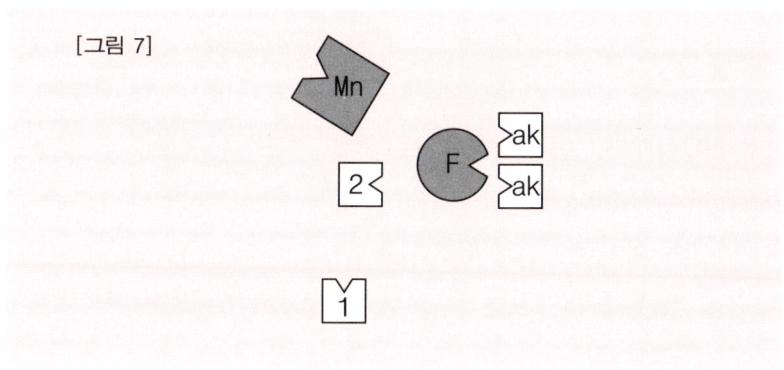

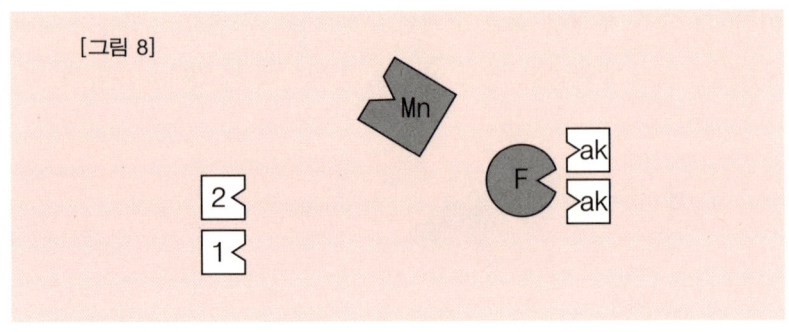

H   (아이들에게) "너희와는 상관없다. 너희들은 물러서야 한다. 부모님이 풀어야 한다." 뒤로 돌으세요.

(아이들은 뒤로 돈다.) [그림 9]

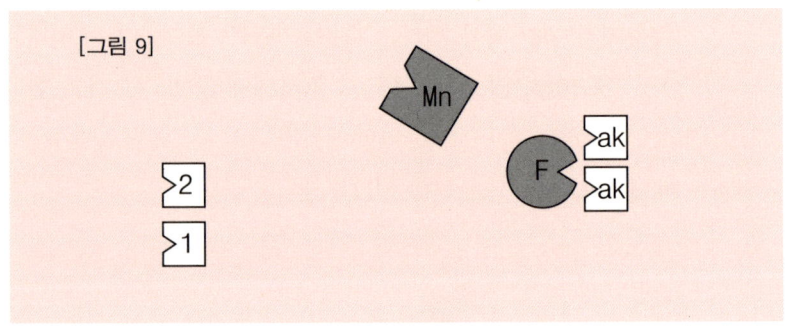

첫째 아이 이제 저는 숨을 쉴 수 있습니다.

둘째 아이 다시 뒤로 돌고 싶습니다.

H   두 발자국 앞으로 더 가세요.

H   (남편에게) 무릎을 꿇고 부인과 낙태된 아이들을 바라보세요. [그림 10]

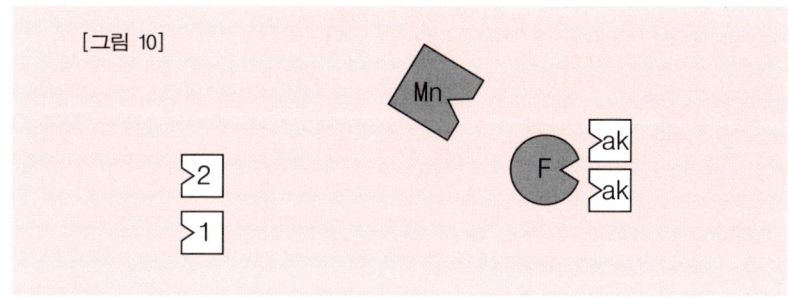

[그림 10]

H   여기에서 중단합니다.
         (대역자들에게) 고맙습니다.
         (조금 후 부인에게) 당신이 두렵습니다.
         (부인이 웃는다.)

H   좋습니다. 여기에서 중단합니다.
         (조금 후 그룹에게) 낙태하면 영혼의 어떤 것이 죽습니다.

낙태된 쌍둥이(계속)

H   가족세우기를 중단하신 분들 중에서 다시 하고 싶으신 분이 있으면 말씀하세요.

            (낙태한 부부가 손을 들자) 좋습니다. 앞으로 나오세요.

(헬링거는 기다린다. 남편은 두 눈을 감고 앉아 있다. 부인은 헬링거를 힐끗힐끗 쳐다본다.)

H   (조금 후 남편에게) 눈을 뜨고 등을 바닥에 대고 누우세요.

(남편은 눕는다.)

H   (조금 후) 이미 관 속에 누워 있다고 느끼세요.

남편   (조금 후) 기분이 좋지 않습니다.

H   저도 그렇게 느낍니다. 그러나 당신은 이미 죽은 사람과 같이 행동합니다.

(남편은 조용히 누워 있다.)

H   거의 모든 것이 죽었습니다.

(조금 후에 남편은 일어서서 헬링거 곁에 앉는다.)

H   (남편에게) 자, 이제 제가 무엇을 해야 합니까?

남편   저는 다시 태어나려고 노력을 시작했습니다. 적어도 다시 태어나려는 의지가 생깁니다.

H	무슨 말씀입니까?
남편	제가 죽었다는 느낌을 가졌습니다.
H	누가 당신을 살게 도와줍니까?
남편	접니다.

(헬링거는 고개를 흔든다.)

남편	(부인을 가리키면서) 저의 부인이?
H	아닙니다. 낙태된 쌍둥이입니다.
남편	어떻게요?
H	당신은 쌍둥이가 있는 죽음의 세계에 가야 합니다.
남편	삶이 다 끝나지 않았는데 어떻게 갑니까?
H	저는 아무것도 할 수 없습니다. 당신은 낙태된 쌍둥이를 보지 않습니다. 당신들의 아들들을 봅니다. 아들들이 죽으러 갈 것 같습니다.

(조금 후에) 당신이 이제 이해하신 것 같군요.

(남편을 보면서) 당신은 이제 살아나기 시작했습니다.

(남편이 웃는다.)

Copyright © 2016, Bert Hellinger
All right reserved.
Korean translation Copyright © 2016, Park i-ho
이 책의 한국어판 저작권은 번역자인 박이호와의
독점 계약으로 한국 내에서 보호를 받는 저작물이므로
무단 전재와 복제를 금합니다.

사랑과 운명

초판 1쇄 발행 | 2016년 4월 18일
초판 3쇄 발행 | 2024년 3월 08일

지은이 | 버트 헬링거
옮긴이 | 박이호
발행인 | 한명수
편집자 | 이향란 이현아
디자인 | 이선정
발행처 | 흐름출판사
주　　소 | 전주시 덕진구 정언신로 59
전　화 | 063-287-1231
전　송 | 063-287-1232
누리집 | www.heureum.com
이메일 | hr7179@hanmail.com

ISBN 979-11-5522-094-8 03100

값 15,000원